中等职业教育物流专业系列教材

物流信息技术应用

WULIU XINXI JISHU YINGYONG

◎ 主 编 王 薇
◎ 副主编 李 燚 罗 昕 丁 荣

重庆大学出版社

内 容 提 要

本书从相关的基本概念出发，阐述信息管理的基础理论、物流信息管理的基本原理和方法，进而介绍物流信息管理普遍应用的支撑技术，包含各项技术的原理、组成、应用领域。全书共分6个任务，包括信息、信息技术、信息系统的相关概念；物流信息系统的支撑技术；物流管理信息系统。

本书可作为中等职业学校物流专业的学生教材，也可作为物流从业人员的培训用书。

图书在版编目(CIP)数据

物流信息技术应用/王薇主编.—重庆:重庆大学
出版社,2010.9(2018.8重印)
(中等职业教育物流专业系列教材)
ISBN 978-7-5624-5357-4

Ⅰ.①物… Ⅱ.①王… Ⅲ.①物流—信息技术—专业
学校—教材 Ⅳ.F253.9

中国版本图书馆 CIP 数据核字(2010)第 083773 号

中等职业教育物流专业系列教材
物流信息技术应用
主 编 王 薇
副主编 李 燚 罗 昕 丁 荣
策划编辑:江欣蔚
责任编辑:文 鹏 陈彦希 版式设计:江欣蔚
责任校对:邹 忌 责任印制:张 策
*
重庆大学出版社出版发行
出版人:易树平
社址:重庆市沙坪坝区大学城西路 21 号
邮编:401331
电话:(023) 88617190 88617185(中小学)
传真:(023) 88617186 88617166
网址:http://www.cqup.com.cn
邮箱:fxk@ cqup.com.cn(营销中心)
全国新华书店经销
POD:重庆新生代彩印技术有限公司
*
开本:787mm×960mm 1/16 印张:10 字数:185千
2010 年 9 月第 1 版 2018 年 8 月第 3 次印刷
ISBN 978-7-5624-5357-4 定价:26.00元

编委会

总 序

　　中等职业学校物流专业教育在我国蓬勃发展已 5 年有余,各开办学校在贯彻教育部、劳动部及中国物流与采购联合会制订的《中等职业学校物流专业紧缺人才培养培训教学指导方案》过程中,不断采用新的职教方法,课程体系内容也更加接近企业用工实际,教育部中职教材出版基地——重庆大学出版社组织全国一批优秀的中等职业学校和企业界的专家共同编写了这套中职物流专业系列教材。

　　本套教材在培养目标与规格上与《中等职业学校物流专业紧缺人才培养培训教学指导方案》保持一致,力图紧紧围绕培养现代物流企业一线操作型人才为核心,以行动导向教育理念为指导,贴近物流企业工作实际,方便教师组织教学。

　　本套教材的编写思路是突破传统学科体系,以物流企业岗位为主线,以任务引导展开各岗位的应知与应会,具体写作中将本专业公共素质类知识用综合课程涵盖,其内容兼容职业资格证的内容。而具体岗位类课程以实务为主,实务中突出具体任务要求及做法,同时每个任务后都布置了相应的实训内容用以巩固课堂所学。

　　本套教材每一分册均由若干任务构成,每个任务由以下模块构成:

教学要求:指明本任务所要达成教学目标。

学时建议:建议本任务采用的课型与课时,为教师整体规划本任务教学提供参考。

导 学 语:用图文并茂对话形式,引起学生对本任务的重视。

卷首案例:用生动有趣的案例故事,引入学习内容。

学 一 学:完成本任务所需要掌握的必备知识。

做 一 做:通过案例阅读与分析巩固必备知识,实训活动组织与实施则是检查学生技能掌握程度的途径。

任务回顾:小结本任务基本知识与技能。

名词速查:方便学生熟记最基本专业名词。

任务检测:通过单选、多选、判断及思考等题型的练习,巩固所学知识,自我检查任务完成情况。

参考答案:对任务检测中的习题给出参考答案,方便学生自测。

本套教材作者均由中等职业学校一线骨干教师组成,对职业教育新观点、新理念、新方法均有自己独到的见解,他们将自己宝贵的教学实践活动融入到一个个任务分析与解决方案上,他们的探索应该说还是一个创新,但相信也会有一些值得商榷和不完善的地方,希望各位同仁提出宝贵意见!

编委会

2009 年 7 月

～前 言～

随着经济全球化进程的加快和科学技术的飞速发展,物流产业将成为我国 21 世纪国民经济新的增长点,并成为我国最具发展空间的行业。引入现代物流理念和先进的物流信息技术,提高物流效率,降低物流成本将成为经济增长与国际竞争的关键。而没有物流信息技术,就没有现代物流。物流信息技术是现代物流的核心,是物流现代化的标志。从日常的物流作业,到流程管理,甚至物流战略的制定,都需要应用信息技术。物流信息技术通过融入企业的业务流程来实现对业务要素的合理组织与高效利用,降低经营成本,产生经济效益。同时,物流信息技术的不断发展,促使一系列新的物流理念和物流经营方式产生,推进了物流的变革。此外,信息技术也与其他物流专业课程(如仓储、运输管理等)息息相关,这些课程所涉及的业务只有建立在信息技术的基础上才能高效进行。

随着物流业的发展,物流活动日益复杂,对物流信息的处理已成为物流管理的主要活动。本书从相关的基本概念出发,阐述了物流信息管理的基础理论、基本原理和方法,进而介绍了物流信息管理普遍应用的支撑技术,包含各项技术的原理、组成及应用领域。全书共分为 6 个任务,注重理论概念、技术手段与实际应用等知识的结合,内容主要包括 3 个方面:

①信息、信息技术、信息系统的相关概念;

②物流信息系统的支撑技术:条码,RFID,EPC,EDI,GIS,GPS 技术等;

③物流管理信息系统。

本书注重基本知识与基本技术的结合。在每一个任务中,切入了形式多样的实训项目,如物流企业实习、调研、参观、案例讨论等,以保证在不同的教学条件下都具有相当的可操作性。这样,通过加强对物流技术的感性认识,既有助于培养学生的专业技能,也可以极大地提高学生的学习主动性和积极性。

物流信息技术的发展日新月异,新技术的应用如雨后春笋不断涌现。编者在编写过程中调研、参观了多个物流企业,浏览了大量有关物流信息技术的网站,并参考了一些权威资料。本书遵从物流企业的实践规律和相应的法律法规,汲取了多年的教学体会和经验,力求反映新知识、新技术和新应用,力求使教材内容精练、实用、通俗易懂,让学生能够掌握物流工作岗位所需要的业务知识和基本技能。

本书由成都铁路运输学校王薇任主编,成都铁路运输学校李燊、罗昕、丁荣任副主编,何华洲教授负责对全书进行审阅。编写分工:李燊(任务1、2)、王薇、丁荣(任务3、4)、罗昕(任务5、6)。建议课内教学课时48学时,课外统一实训6学时,共计54学时。另可于课外根据实际情况自主安排实训32学时,具体学时参见下表:

任务	教学内容	课内总课时	理论教学课时	课内实训课时	课外统一实训课时	课外自主实训课时
1	走近物流信息技术	6	4	2		6
2	使用条码	8	6	2		6
3	认识无线射频识别(RFID)技术与电子代码(EPC)技术	8	6	2		6
4	推广电子数据交换(EDI)技术	6	4	2	6	4
5	感受全球定位系统(GPS)和地理信息系统(GIS)	8	6	2		4
6	运用物流管理信息系统	12	6	6		6
	总计	48	32	16	6	32
	课内、外课时总计			54		32

由于编者水平所限,书中难免有缺点和不妥之处,敬请读者批评指正。

编　者

2010年2月于成都

目录

任务 1 走近物流信息技术

1.1 物流信息 2

1.2 物流信息技术 9

1.3 物流信息系统 10

任务 2 使用条码

2.1 条码概述 23

2.2 二维条码 32

2.3 条码识别系统 36

任务 3 认识无线射频识别（RFID）技术与电子代码（EPC）技术

3.1 RFID 技术概述 52

3.2 RFID 技术在物流领域的应用 59

3.3 EPC 技术 67

任务 4 推广电子数据交换（EDI）技术

4.1 EDI 技术概述 83

4.2 EDI 系统的实现过程和组成 87

4.3 EDI 技术在物流领域中的应用 90

任务 5 感受全球定位系统（GPS）和地理信息系统（GIS）

5.1 GIS 系统概述 107

5.2　GPS 系统概述 …………………………………………… 114

5.3　GPS/GIS 技术在物流领域的应用 …………………… 118

任务6　运用物流管理信息系统

6.1　物流管理中的流程 …………………………………… 130

6.2　物流管理信息系统 …………………………………… 132

6.3　几种物流管理信息系统简介 ………………………… 135

参考文献

任务 1
走近物流信息技术

教学要求

1. 清楚物流信息的含义、特点和分类；

2. 感悟物流信息在物流系统中的重要作用；

3. 理解物流信息技术的含义；

4. 清楚物流信息技术的种类；

5. 清楚物流信息系统的含义、基本组成和功能。

学时建议

知识性学习:4 课时

案例学习讨论:2 课时

现场观察学习:6 课时(业余自主学习)

【导学语】

你知道什么是物流信息技术吗？它在物流系统中能起到什么样的作用呢？

卷首案例

天津物流货运中心的"电子信息技术交易平台"

天津物流货运中心自正式开业以来，企业由传统的公路货物运输转型为真正的现代化物流。由于经营方针的不同，其运营模式也大不相同。作为一个现代化物流中心，其主要的业务功能大都是依靠物流信息的科学运筹管理，实现及时化、信息化与智能化的物流操作与管理，并集储存保管、集散转运、流通加工、商品配送、信息传递等多种服务功能于一体。因此，作为物流中心的信息流程及信息系统必须与现代化物流服务工作的要求相匹配。其中，信息产业是现代化物流运营环节中的第一环，为此，天津公路货运信息服务中心应运而生。

目前，该货运信息事业部以物流新理念和技术推广及产业化运作为重任，坚持以技术创新为先导，以优质服务为根本，立足道路运输行业，提供公路货运交易信息平台服务；在市场中以货运信息服务、驾驶员、营运车辆身份认证为基础，融合了行业管理、保险、电信、停车、住宿、修理等增值服务内容，建立了全国一体的货运信息服务体系，充分实现了全行业的信息资源共享。它为我国运输与物流服务企业的发展提供了强大动力，为企业的再次辉煌插上了腾飞的翅膀。

在新型的物流系统中，物流信息起着主导作用，它是现代物流系统国际化和远程化的一个最重要因素，在现代企业的经营战略中占有越来越重要的位置。充分利用各种现代信息技术，提供迅速、及时、准确、全面的物流信息是现代企业获得竞争优势的必要条件。

【学一学】

1.1 物流信息

1.1.1 信息与物流信息

信息、物资和能源是人类社会发展的三大资源。工业革命使人类在开发、利用物资和能源上取得了巨大的成功，其结果是创造了工业时代。随着以计算机、通信和网络技术为代表的信息技术的迅速发展,人类社会从工业时代迈入了信息时代。

1)信息的含义与特点

(1)信息的含义

信息(Information)是客观世界中各种事物及其特征的反映,是事物之间相互联系的表征。它包括各种消息、情报、资料、信号,更包括语言、图像、声音等多媒体数据。

抽象来看,信息由实体、属性和值三元组构成,表达式如下所示。

信息:实体(属性1:值1;属性2:值2;…;属性n:值n)

例如,洗衣机(品牌:"海尔";型号:"XQG50—92BT")表示了一条有关一台型号为 XQG50—92BT 的"海尔"洗衣机的信息。这条信息的实体是洗衣机,"品牌"和"型号"是描述洗衣机这个实体的属性,其值分别为"海尔"和"XQG50—92BT"。

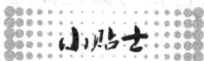

小贴士

数据是人们用来反映客观事物而记录下来的可以鉴别的符号,是客观事物的基本表达。

例如,"载重35吨的沃尔沃卡车"这条信息中的"35""沃尔沃""卡车"就是数据,反映了一辆特定的卡车。

数据是信息的载体,信息是数据的内涵,两者之间是形与质的关系。数据只有对实体行为产生影响才成为信息,数据只有经过解释才有意义。例如,独立的"1""0"均无意义。但当它们表示某实体在某个地域内存在与否时,它们就提供了"有""无"信息;当用它们来标识某种实体的类别时,它们就提供了特征码信息。

(2)信息的特点

从企业管理的角度看,信息具有以下重要的特点。

①可传输性:信息需要依附于某种载体进行传输。

②可识别性:信息能够以一定的方式予以识别。

③可处理性:信息可以通过一定的手段进行处理。

④可还原再现性:信息能够以不同的形式进行传递、还原再现。

⑤扩散性和共享性:同一信源可以供给多个信宿,因此信息是可以共享的。

⑥时效性和时滞性:信息在一定的时间内是有效的信息,在此时间之外就是无效信息。而且任何信息从信源传播到信宿都需要经过一定的时间,都有时滞性。

⑦可重复利用性:信源发送的信息不论传送给多少个信宿,都不会因信宿的多

少而变化,信息是可以反复利用的。

⑧存储性:信息可以用不同的方式存储在不同的介质上。

⑨信息是可以转换的:信息可以从一种形态转换为另一种形态。

⑩信息是有价值的:信息是一种资源,是有价值的。

2)物流信息的含义与特点

(1)物流信息的含义

物流信息(Logistics Information)是反映物流各种活动内容的知识、资料、图像、数据以及文件的总称。物流信息包含的内容可以从狭义和广义两个方面来分析。

从狭义范围来看,物流信息是指产生于物流活动(如运输、储存、包装、装卸、流通、加工、配送等)的信息。

从广义范围来看,物流信息除了与物流活动有关的信息外,还包括与其他流通活动有关的信息,如商品交易信息和市场信息等。

(2)物流信息的特点

与其他信息相比,物流信息除了具有信息的一般特点外,还有以下特点:

①信息量大、分布广。由于物流是一个大范围内的活动,物流信息源也分布于一个大范围内,信息源点多、信息量大。如果这个大范围中未能实现统一管理或标准化,信息便缺乏通用性。

②具有很强的时效性。物流信息动态性特别强,信息的价值衰减速度很快,这就对信息工作时效性要求较高。大系统更强调时效性,信息收集、加工、处理速度更快。

③信息种类多。不仅物流系统内部各个环节有不同种类的信息,而且由于物流系统与其他系统,如生产系统、销售系统、消费系统等密切相关,因而还必须收集这些系统的信息。这就使物流信息的分类、研究、筛选等难度更大。

④具有周期性。企业物流为生产经营过程服务,它必然会反映市场周期性变化的影响,这就导致了物流信息的周期性。

不同类别的物流信息还有一些不同特点。例如,对于物流系统产生的信息,由于需要向社会提供,因而收集信息力求全面、完整;而对于其他的系统信息,则要根据物流要求予以选择。

1.1.2　物流信息的分类

在处理物流信息和建立物流信息系统时,对物流信息进行分类是一项基础性工作。物流信息可以按不同的分类依据进行分类。

1)按发生的范围分类

物流信息按发生的范围一般可以分为物流系统内部信息和物流系统外部信息两大部分。

(1)物流系统内部信息

物流系统内部信息主要指伴随着物流活动过程发生的各种数据、资料,包括:物品流转信息(物料种类、数量、流向、距离、时间等)、物流作业层信息(货源状况、车辆数目、车辆技术状态、作业人员数目及状态、作业场所、所需设施、设备情况等)、物流控制层信息(货物跟踪信息、车辆跟踪信息、仓储与库存控制信息等)和物流管理层信息(仓储、库存控制、成本信息等,各物流环节能力、平衡与利用,瓶颈资源、瓶颈部位识别,能力利用状况、可利用的外部资源信息等)。

(2)物流系统外部信息

物流系统外部信息主要指来自物流系统外部的数据、资料,主要包括:市场信息(货主信息、用户信息、签订的合同、运输供求、市场发展趋势分析等)、同业信息(行业主导者、挑战者、跟随者的动向,主要竞争者情况及竞争策略,同业合作伙伴的情况等)、政策信息(产业结构与变化信息)和区域物流系统信息。

2)按物流活动的不同领域分类

物流各个不同的功能领域由于活动性质的不同,其信息内涵和特征也会有所不同。按这些功能领域分类,可分为:

(1)运输信息

运输信息是产生于货物运输环节的物流信息,这是物流信息的主要信息之一。它包括陆地货物运输信息、水上货物运输信息、航空货物运输信息、管道货物运输信息、邮政特快专递货物运输信息以及各种货物代理运输信息。

(2)仓储信息

仓储信息又叫库存信息,是产生于仓储环节的物流信息,也是重要的物流信息,包括各种仓库、货场的货物储存信息和代储信息。

（3）装卸搬运信息

装卸搬运信息是产生于货场和装卸搬运环节的物流信息,包括各种港口、码头、机场、车站、仓库、货场的货物装上、卸下、移送、挑选、分类、堆垛、入库、出库等信息。

（4）包装信息

包装信息是产生于物品包装环节的物流信息,包括各种仓库、货物的包装、改包装以及包装物生产的信息。

（5）加工信息

加工信息是产生于流通加工环节的物流信息,包括为商业配送进行的计量、组装、分类、保鲜、贴商标以及商务快送、住宅急送等信息。

3）按信息的不同作用分类

（1）计划信息

计划信息指的是尚未实现但已当作目标确认的一类信息,如物流量计划、仓库进出量计划、车皮计划、与物流活动有关的国民经济计划、工农业产品产量计划等。许多具体工作的预计、安排等,甚至是带有作业性质的信息,如协议、合同、投资等,只要尚未进入具体业务操作,都可归入计划信息之中。这种信息的特点是带有相对稳定性,信息更新速度较慢。

（2）控制及作业信息

这是指物流活动过程中产生的信息。它有很强的动态性,是掌握物流状况必不可少的信息。例如,库存种类、库存量、在运量、运输工具状况、物价、运费、投资在建情况、港口船舶到发情况等。这类信息的特点是动态性、时效性非常强,更新速度很快。

（3）统计信息

统计信息是物流活动结束后对整个物流活动的一种归纳性的信息。这种信息是一种恒定不变的信息,具有很强的资料性。虽然新的统计结果不断出现,使其在总体上看来具有动态性,但是已产生的统计信息都是一个历史的结论,是恒定不变的。诸如上一年度、月度发生的物流量、物流种类、运输方式、运输工具使用量、仓储量、装卸量以及与物流有关的工农业产品产量、内外贸数量等都属于这类信息。

（4）支持信息

支持信息是指能对物流计划、业务、操作产生影响或与之有关的文化、科技、产品、法律、教育、风俗等方面的信息,如物流技术的革新、物流人才的需求等。

4)按信息加工的程度不同分类

(1)原始信息

原始信息是指未加工的信息。它是信息工作的基础,也是最有权威性的凭证性信息。

(2)加工信息

加工信息是指对原始信息进行各种方式、各个层次处理之后的信息,是对原始信息的提炼、简化和综合。

1.1.3　物流信息的作用和地位

1)物流信息的作用

物流信息的基本功能包括:信息采集、信息传输、信息存储、信息处理、信息输出。它在物流系统中所体现的基本作用是中枢神经和支持保障的作用,具体表现如下:

(1)沟通的作用

其作用是沟通货主、用户、物流服务提供者之间的联系,满足各类货主、用户、中介服务人的需要,满足不同物流环节协同运作的需要。

(2)控制的作用

其作用是通过移动通信、计算机信息网、电子数据交换(EDI)、全球定位系统(GPS)等技术实现物流信息处理电子化,如货物实时跟踪、车辆实时跟踪等。畅通的信息通道是物流运行控制、服务质量控制、成本控制的基本前提。

(3)管理的作用

它可起到物流供应链规划决策,运营线路设计与选择,仓库作业计划,库存管理与运行实时监控,利用外部资源补充内部瓶颈资源,物流系统运行中的短期决策等管理工作的作用。

2)物流信息的地位

物流信息在物流系统中具有什么样的地位呢?下面的案例能够帮助你深刻地理解。

"非典"凸显物流信息化的重要性

2003 年"非典"期间有两个现象值得关注。一是"非典"时期的物流企业竞争主要围绕着系统的灵活性进行。在应对突发事件的过程中,高效、通畅的物流系统有着举足轻重的地位。这一点已经在以往的抗灾、抢险等事件中屡见不鲜,在抗击"非典"中再次得到印证。尽管当时交通管制、物流受阻,但是打开报纸、浏览网页经常可以看到这样的消息:"招商局物流成功承运中央援港抗非典物资""中储物流运送德援抗非典设备到一线""上海海关抗非典医疗用品特快通关"等。

另一个令人瞩目的现象是电子商务和网络通信得到新的发展。据阿里巴巴网站统计,仅 2003 年第一季度该网站注册用户比 2002 年第四季度增加了 50%;自 2003 年 3 月份以来,该网站访问量月均增长 4 成。难怪该网站负责人说:"非典"疫情成全了电子商务的推广,是一个"意外的收获"。"非典"虽影响了广交会的成交量,但是广交会各网站的访问量比上届同期增长 51%,意向成交量超过 2 亿美元。当时,电信业也是一个因祸得福的行业。2003 年 4 月份,北京市的市话业务量增长了 60%,长话业务量增长了 50%,上网业务量增长了 40%。此外,还有网上的远程教育、网络视频会议、金融在线业务等都找到了新的商机,就连为抗击非典的捐款也可以通过发送手机短信来从话费账户中支付,信息时代的气息扑面而来,信息化仿佛成了应付"非典"的一只"杀手锏"。

物流信息贯穿企业经营管理和业务操作活动的全过程,因此,信息系统在企业内部被喻为"企业的神经系统"。同样,物流信息在企业之间又起着纽带的作用,是联系外部环境的重要渠道和手段。从上述案例中我们可以得到一种启示:物流信息技术的应用是物流系统信息化的基础,它不仅是物流系统高效率、低成本的保障,也是系统灵活性、可靠性的保证。

宝洁公司中国区副总裁冯若鹏说过,一旦宝洁中国的华南地区物流配送中心不能正常运转,宝洁公司有能力在 4 个小时之内将全部物流配送业务转移到华东地区中心进行,因此可以确保宝洁中国的业务不会受到"非典"的影响,物流配送体系一切如常。4 小时转移配送中心的全部业务显示出该系统一流的灵活性、可靠性。当然,不是指它有仓库搬家的本事,而是指其信息系统设计和建设给物流系统带来了灵活性、可靠性。

如果我们去深入了解那些在"非典"形势下有应变能力并作出显著贡献的物流企业,相信多半会发现是与其比较完善的信息系统密切相关的。可以说,考验物流系统的灵活性和可靠性其实就是在考验它的信息系统。

1.2 物流信息技术

1.2.1 信息技术

信息技术(Information Technology,IT)是主要用于管理和处理信息所采用的各种技术的总称。它主要是应用计算机科学和通信技术来设计、开发、安装和实施信息系统及应用软件。它也常被称为信息和通信技术(Information and Communication Technology,ICT),主要包括传感技术、计算机技术、通信技术和控制技术。数字化和自动化是信息技术最显著的特点。

对于信息技术,人们从不同的角度有不同的描述。

有人认为,信息技术是指有关信息的收集、识别、提取、变换、存储、处理、检索、检测、分析和利用等的技术。

也有人认为,信息技术是指利用电子计算机和现代通讯手段获取、传递、存储、处理、显示信息和分配信息的技术。

我国有些专家、学者认为,信息技术是指研究信息如何产生、获取、传输、变换、识别和应用的科学技术。

此外还有其他一些描述,在此不一一列举。

1.2.2 物流信息技术

物流的现代化、国际化、信息化是物流发展的总趋势。其中,物流信息化是实现物流现代化和物流国际化的基础。在实现物流信息化的过程中,需要各种信息技术的支持。所谓物流信息技术就是运用于物流各环节中的信息技术,是物流现代化的重要标志,也是现代物流区别传统物流的根本标志。

1.2.3 现代物流信息技术的种类

1)条码技术

条码(Bar Code)技术是在计算机的应用实践中产生和发展起来的一种自动识别技术。它是为实现对信息的自动扫描而设计的,也是实现快速、准确、可靠地采集数据的有效手段。条码技术已被广泛应用于商业、仓储、交通运输、生产控制、金融、海关、邮政、医疗卫生、票证管理、图书管理和质量跟踪等领域。

2)无线射频识别技术

无线射频识别(Radio Frequency Identification,RFID)技术是对运动或静止的标

签进行不接触识别的一种重要标识技术,可以用于物流过程中的库存管理、运输管理和分拣管理。射频技术在物流中的应用可以大大提高物流效率,降低物流的作业成本。我国一些高速公路的收费站口、铁路系统已开始使用射频技术。

3)电子代码技术

电子代码(Electronic Product Code,EPC)技术是基于 RFID 与 Internet 的一项物流信息管理新技术,它通过给每个零售商品、物流单元、集装箱、货运包装等分配一个全球唯一的代码,以构建一个全球物品信息实时共享的实物互联网(An Internet of Things,物联网)。

4)电子数据交换技术

电子数据交换(Electronic Data Interchange,EDI),又称无纸贸易,是利用计算机广域网来进行远程、快速的数据交换和自动处理。人们可以通过电子数据交换系统及时、准确地获得所需要的商业信息,提高生产和经营效率。

5)全球卫星定位系统

全球卫星定位系统(Global Positioning System,GPS)是利用导航卫星对地面目标的状况进行精确测定以进行定位、导航的系统。在物流领域,GPS 技术可以应用于车辆、船舶以及集装箱等物流设备的定位、监控、通信、调度和管理。

6)地理信息系统

地理信息系统(Geographic Information System,GIS)是一种为地理研究和地理决策服务的计算机技术系统。它以地理空间数据为基础,采用地理模型分析方法适时地提供多种空间的和动态的地理信息。GIS 可广泛用于物流分析,包括车辆路线模型分析、最短路径模型分析、网络物流模型分析、分配集合模型分析和设施定位模型分析等。

1.3   物流信息系统

1.3.1   信息系统

1)信息系统的含义与技术特点

信息系统(Information System,IS)是以提供信息服务为主要目的的数据密集型、人机交互的计算机应用系统。它在技术上有 4 个特点:

①涉及的数据量大。其数据一般需存放在辅助存储器中,内存中只暂存当前要处理的一小部分数据。

②绝大部分数据是持久的,即不随程序运行的结束而消失,需要长期保留在计算机系统中。

③这些持久数据为多个应用程序所共享,甚至在一个单位或更大范围内共享。

④除具有数据采集、传输、存储和管理等基本功能外,信息系统还可向用户提供信息检索、统计报表、事务处理、规划、设计、指挥、控制、决策、报警、提示、咨询等信息服务。

2)信息系统的基本结构

信息系统是一种面广量大的计算机应用系统。管理信息系统、指挥信息系统、决策支持系统、办公信息系统、科学信息系统、情报检索系统、医学信息系统、银行信息系统、民航订票系统等,都属于这个范畴。

就用途来说,信息系统的基本结构又是相同的,它一般可分为4个层次:

①硬件、操作系统和网络层。它是开发信息系统的支撑环境。

②数据管理层。这是信息系统的基础,包括数据的采集、传输、存取和管理,一般以数据库管理系统(DBMS)作为其核心软件。

③应用层。这是与应用直接有关的一层,它包括各种应用程序,例如分析、统计、报表、规划、决策等。

④用户接口层。这是信息系统提供给用户的界面。

信息系统是一个向单位或部门提供全面信息服务的人机交互系统。它的用户包括各级人员,其影响也遍及整个单位或部门。由于信息系统的用户多数是非计算机专业人员,故用户接口的友善性十分重要。用户接口在信息系统中所占比重越来越高。信息系统的开发和运行,不只是一个技术问题,许多非技术因素如领导的重视、用户的合作和参与等,对其成败往往也有决定性影响。由于应用环境和需求的变化,对信息系统常常要做适应性维护。在开发和维护过程中,应尽可能采用各种软件开发工具。

1.3.2 物流信息系统的概念

物流系统的不同阶段和不同层次之间通过信息流紧密地联系在一起。因此在物流系统中,总存在着对物流信息进行采集、传输、储存、处理和分析的信息系统。

1)物流信息系统的定义

物流信息系统是通过对物流相关信息的加工处理来达到对物流、资金流的有效控制和管理,并为企业提供信息分析和决策支持的人机系统。物流系统内部的相关衔接是通过信息进行沟通的,资源的调度也是通过信息共享来实现的。组织物流活动必须以信息为基础。

物流信息系统通过充分利用数据、信息、知识等资源来实施、控制并支持物流业务,实现物流信息共享,以提高物流业务的效率,提高决策的科学性,其最终目的是提高物流企业的核心竞争力。

2)物流信息系统的基本组成

物流信息系统的建设绝不是仅指软硬件或网络的建设,更重要的是指获取信息、处理信息和通过信息对业务进行调控的能力。例如迅速获得市场变化的信息甚至能够预测市场变化的能力,掌握自身资源的信息以及时形成优化的解决方案的市场应变能力,监控流程的动态信息以进行实时调整的控制能力等。信息系统的建设固然离不开软硬件的购置和网络的铺设,但是信息系统的成败应该是以上述能力为标准的,是以能否解决实际问题为标准的。

物流信息系统主要由硬件、软件、数据库与数据仓库、人员等基本要素组成。

(1)硬件

硬件包括计算机、网络通信设备等。它是物流信息系统的物流设备和硬件资源,是实现物流信息系统的基础,它构成了系统运行的硬件平台。

(2)软件

软件包括系统软件和应用软件两大类。系统软件主要用于系统的管理、维护、控制及程序的装入和编译等工作;而应用软件则是指挥计算机进行信息处理的程序或文件,它包括功能完备的数据库系统、实时的信息收集和处理系统、实时的信息检索系统、报告生成系统、经营预测及规划系统、经营检测及审计系统、资源调配系统等。

(3)数据库与数据仓库

数据库技术将多个用户、多个应用所涉及的数据按一定数据模型进行组织、存储、使用、控制和维护管理。数据库系统面向一般管理层的事务性处理。

数据仓库是集成的、稳定的、不同时间的、面向主题的数据集合,用以支持经营管理中的决策制定过程。基于主题而组织的数据便于面向主题分析决策,它所具有的集成性、稳定性及时间特征使其成为了分析型数据,其作用在于为决策层提供决策支持。

(4)人员

人员包括系统分析人员、系统涉及人员、系统实施和操作人员,以及系统维护人员、系统管理人员、数据准备人员与各层次管理机构的决策者等。

1.3.3 物流信息系统的功能

物流信息系统是把各种物流活动与某个一体化过程连接在一起的通道。它的基本功能可以归纳为以下几个方面(如图所示):

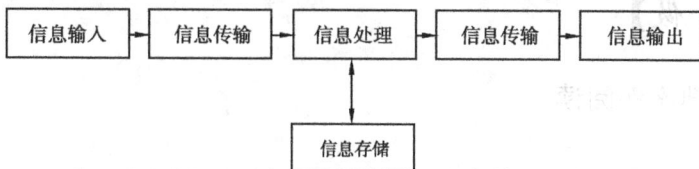

```
┌────────┐   ┌────────┐   ┌────────┐   ┌────────┐   ┌────────┐
│ 信息输入 │──│ 信息传输 │──│ 信息处理 │──│ 信息传输 │──│ 信息输出 │
└────────┘   └────────┘   └────────┘   └────────┘   └────────┘
                               │
                         ┌────────┐
                         │ 信息存储 │
                         └────────┘
```

物流信息系统的基本功能

1)信息输入

信息输入主要指数据的收集和录入过程。物流信息系统首先要做的是记录下物流系统内外的有关数据,将它们集中起来并转化为物流信息系统能够接收的形式,然后将之输入到系统中。

2)信息传输

收集完的信息需要经过各种渠道汇集到信息处理中心,处理完的信息也需要通过信息系统传输到需要的地方。因此,克服空间障碍的信息传输是物流信息系统的基本功能之一。

3)信息存储

数据进入系统之后,经过整理和加工,就成为支持物流系统运行的物流信息。这些信息需要暂时或永久存储,以供人们使用。

4)信息处理

物流信息系统最基本的目标就是将输入数据加工处理成有用的物流信息。信息处理可以是简单的查询、排序,也可以是复杂的模型求解和预测。信息处理能力的强弱是衡量物流信息系统能力高低的一个重要方面。

5)信息输出

物流信息系统的目的是为各级相关人员提供所需的信息内容。经过解释的物流信息,根据不同的需要以不同形式输出,有的直接提供给人使用,有的提供给计算机作进一步处理。为了便于人们的理解,系统输出的形式应力求易读易懂、直观醒目,这是评价物流信息系统优劣的主要标准之一。

物流信息系统应向信息采集的在线化、信息存储的大型化、信息传输的网络化、信息处理的智能化以及信息输出的图形化方向发展。

【做一做】

一、经典案例阅读

沃尔玛——信息技术下的"生产商店,经营物流"

1. 背景资料

20 世纪 50 年代末,当第一颗人造卫星上天的时候,现代通信技术还无人问津。而 20 世纪 70 年代,沃尔玛率先使用了卫星通信系统。新世纪开始,沃尔玛又投资上亿美元开始实施"互联网统一标准平台"的建设。凭借先发优势和科技实力,沃尔玛的店铺已冲出阿肯色州,遍及美国,走向世界。由此可见,与其说沃尔玛是零售企业,不如说它是物流企业。

沃尔玛领先于竞争对手,其原因在于它先行对零售信息系统进行了非常积极的投资:最早使用计算机跟踪存货(1969 年),全面实现 S. K. U. 单品级库存控制(1974 年),最早使用条码(1980 年),最早使用 CM 品类管理软件(1984 年),最早采用 EDI(1985 年),最早使用无线扫描枪(1988 年),最早与宝洁公司(Procter & Gamble)等大供应商实现 VMI-ECR 产销合作(1989 年)。

沃尔玛的全球采购战略、配送系统、商品管理、人力资源管理、"天天平价"战略在业界都是可圈可点的经典案例。可以说,沃尔玛所有的成功都是建立在利用信息技术整合优势资源、信息技术战略与传统物流整合的基础之上。可以说,强大的信息技术和后勤保障体系使得它不仅在经营商品,更在生产商店、经营物流。

20 世纪 90 年代,沃尔玛提出了新的零售业配送理论,进入了零售业的工业化运作新阶段:集中管理的配送中心向各商店提供货源,而不是直接将货品运送到商店。其独特的配送体系,大大降低了成本,加速了存货周转,形成了沃尔玛的核心竞争力。20 世纪 90 年代初,沃尔玛就在公司总部建立了庞大的数据中心。全集团的所有店铺、配送中心每天发生的一切与经营有关的购、销、调、存等详细信息,都通过主干网和通信卫星传送到数据中心。

任何一家沃尔玛商店都具有自己的终端,并通过卫星与总部相连,在商场还设有专门负责排货的部门。沃尔玛每销售一件商品,都会即时通过与收款机相连的电脑记录下来。这样,管理人员每天都能清楚地知道实际销售情况,可根据数据中心的信息对日常运营与企业战略作出分析和决策。

沃尔玛的数据中心已与上万家供应商建立了协同工作,从而实现了快速反应的供应链管理库存VMI。厂商通过这套系统可以进入沃尔玛的电脑配销系统和数据中心,直接从POS机得到其供应的商品流通动态状况,如不同店铺及不同商品的销售统计数据,沃尔玛各仓库的存货、调配状况,销售预测,电子邮件与付款通知等,以此作为安排生产、供货和送货的依据。生产厂商和供应商都可通过这个系统查阅沃尔玛产销计划。这套信息系统为生产商和沃尔玛两方面都带来了巨大的利益。

沃尔玛总部的通讯网络系统使各分店、供应商、配送中心之间的每一购、销、调、存节点都能形成在线作业,使沃尔玛的配送系统高效运转。这套系统的应用,在短短数小时内便可完成"填妥订单—各分店订单汇总—送出订单"的整个流程,大大提高了营业的高效性和准确性。

2.案例评析

在信息技术的支持下,沃尔玛能够以最低的成本、最优质的服务、最快速的管理反应进行全球运作。尽管信息技术并不是沃尔玛取得成功的充分条件,但它却是沃尔玛成功的必要条件。这些投资都使得沃尔玛可以显著降低成本、大幅提高资本生产率和劳动生产率。

阅读思考:

1.沃尔玛通过使用哪些物流信息技术提高了竞争力?

2.简述物流信息技术在沃尔玛的应用情况。

3.物流信息技术未来发展的趋势将会是怎样的?

二、实训活动

◎ 内容

①调查你现居住地大型商场的物流信息技术应用现状。

②分别调查以零售、仓储、运输为主要业务的物流企业的信息系统,归纳其侧重点。

◎ 目的

通过对不同类型物流企业的调研,使学生了解我国目前企业物流信息化、物流信息技术的现状及发展趋势,了解现代物流企业如何对物流信息系统进行运行管理和维护,以提高学生调查研究和分析问题的能力。

◎ 人员

①实训指导:任课老师。

②实训编组:学生按 6～10 人分成若干组,每组设 1 名组长。每位同学带上笔和笔记本。

◎ 时间

1 天。

◎ 步骤

①由教师在校内组织安全教育;

②与实训企业相关部门取得联系,并组织学生集体去该企业参观;

③邀请物流企业各业务部门主管介绍本部门物流信息技术的应用情况;

④分组查看企业物流信息技术相关资料,并作好记录;

⑤撰写调查文档;

⑥实训小结。

◎ 要求

①在调研过程中,教师要加强理论对实践的指导。

②调研对象应尽可能多,并且具有代表性,包括不同水平、不同类型的企业,避免得出的结论以偏概全。调研的内容要尽量具体,注意所得资料的真实性、可靠性和时效性。

③学生必须遵守纪律,听从指挥,讲礼貌,懂文明,表现出良好的综合素质。

◎ 认识

作为未来的物流企业员工,要深悟企业物流信息技术对物流系统的重要性,锻炼自己的动手能力、分析能力,培养团队合作精神,这对今后做好本职工作是有很大帮助的。

【议一议】

物流信息技术落后制约产业发展

物流行业信息技术应用状况调研结果显示:目前我国已有相当一部分物流企业已经采用了包括通信网络、条码、RFID、GPS、物流自动化系统、物流管理软件等先进的信息技术来改进企业管理、提升企业的运营效率,但已经全面采用物流信息化参与管理和作业的物流企业只占到行业总数的 39% 左右,大部分企业仍采用原始的人工操作等传统方式,物流信息化的整体水平很难满足企业高效运营和社会发展的需求。

目前,能够提供这些物流信息技术和软件技术的企业在国内比比皆是,在技术研发和创新层面也已经与国际接轨并可以满足我国的市场需求。但由于目前高新技术的产品价格偏高、企业在信息化建设方面的意识不够强等因素,导致产品推广和应用的范围很小。大部分企业反馈的信息都是自己有产品、有技术、有服务、有具备国际化的解决方案,但就是没有更多的企业来使用。例如最近谈论较多的RFID技术,该技术在国际上被公认为是物流业务流程中最顶尖的货物自动识别系统,其市场应用范围非常广泛,应能得到广大企业的青睐。但由于它的价格居高不下,流通企业投入成本太高,加上这些信息技术企业中存在众多不具资质和规模的"小作坊"企业通过复制别人的产品并以低廉的价格扰乱市场,形成行业内的恶性竞争。因此,物流信息技术的普及程度仍然不能满足我国物流发展的特殊需求。

信息技术的发展是促进物流业形成和发展的基础和条件。现代信息技术的广泛应用,不仅直接促进了传统产业的快速发展和结构调整,而且使得传统的物流活动成为一个新的专业化分工领域,形成了从生产到消费的系统化的物流链条,实现了物流流程的优化和资源的合理配置,提高了全社会的流通效率和经济效益。但目前我国信息化程度较低、信息技术在物流领域中应用水平较低的状况,已经成为制约我国物流发展的技术瓶颈。这不仅影响了我国物流市场规模的扩大,而且影响着物流经营服务手段、运行方式、组织形式的创新和发展,制约了物流自动化水平的提高。

要求:通过调查,了解我国物流企业,特别是中小型物流企业在信息技术方面实际应用的情况。

讨论:针对我国物流发展的现状和面临的信息技术瓶颈,你有哪些建议促进物流信息化的发展?

提示:①制定推进企业信息化发展的规划。②制定物流信息化的政策和标准。③支持和鼓励物流领域信息技术的开发和应用。④加快发展物流信息产品研发制造业。⑤加快与物流相关的行业管理部门的信息化进程。⑥加强物流领域信息技术应用的示范和引导。⑦强化培训和人才培养。

【任务回顾】

通过对本章的学习,我们初步掌握了物流信息的含义、分类和作用;掌握了物流信息技术的含义、种类和应用;了解了物流信息系统的含义、内容和功能。通过对物流企业的实训体验,我们了解了我国物流企业物流信息技术应用的现状及物流信息技术发展的趋势,深感物流信息技术在物流系统中所起的重要作用。

【名词速查】

1. 物流信息

物流信息是反映物流各种活动内容的知识、资料、图像、数据以及文件的总称。

2. 物流信息技术

物流信息技术就是运用于物流各环节中的信息技术,是物流现代化的重要标志,也是现代物流区别传统物流的根本标志。

3. 物流信息系统

物流信息系统是通过对物流相关信息的加工处理来达到对物流、资金流的有效控制和管理,并为企业提供信息分析和决策支持的人机系统。

【任务检测】

一、单选题

1. 狭义的物流信息是指与(　　)有关的信息。

    A. 消费者需求　　　　B. 物流活动　　　　C. 销售　　　　D. 购买

2. 物流信息按发生范围可分为物流系统内部信息和(　　)。

    A. 物流系统外部信息　B. 统计信息　　　　C. 计划信息　　　D. 运输信息

3. 物流系统内部的相关衔接是通过(　　)进行沟通的。

    A. 资金　　　　　　　B. 人员　　　　　　C. 技术　　　　　D. 信息

4. (　　)是物流现代化的重要标志,也是现代物流区别传统物流的根本标志。

    A. 物流信息技术　　　B. 自动化　　　　　C. 国际化　　　　D. 数字化

5. 密码技术和防火墙技术属于现代物流信息(　　)技术。

    A. 基础　　　　　　　B. 安全　　　　　　C. 系统　　　　　D. 应用

二、多选题

1. 物流信息的特点有(　　)。

    A. 信息量大、分布广　　　　　　　　B. 具有周期性

    C. 具有很强的时效性　　　　　　　　D. 信息种类多

2. 物流信息的作用具体表现在(　　)。

    A. 控制的作用　　　　　　　　　　　B. 沟通的作用

    C. 管理的作用　　　　　　　　　　　D. 传输的作用

3. 在物流企业常用的物流信息技术有(　　)。
　　A. GPS 与 GIS　　　　　　　　　　B. EDI 与 EPC
　　C. IS　　　　　　　　　　　　　　D. 条码技术与无线射频技术
4. 物流信息系统的基本组成要素有(　　)等。
　　A. 硬件　　　　　　　　　　　　　B. 数据库与数据仓库
　　C. 软件　　　　　　　　　　　　　D. 人员
5. 物流信息系统是把各种物流活动与某个一体化过程连接在一起的通道,它的基本功能有(　　)几个方面。
　　A. 信息输入　　　　　　　　　　　B. 信息传输
　　C. 信息处理和存储　　　　　　　　D. 信息输出

三、判断题

1. 在物流活动中,物流信息流动于各环节之间并起着神经系统的作用。
　　　　　　　　　　　　　　　　　　　　　　　　　　(　　)
2. 物流信息是整个物流活动顺序进行所不可缺少的,对整个物流活动起支持保障作用。　　　　　　　　　　　　　　　　　　　　　　(　　)
3. 信息系统基本结构中的应用层主要是给用户提供人机交互的界面。
　　　　　　　　　　　　　　　　　　　　　　　　　　(　　)
4. 数字化和自动化是信息技术最显著的特点。　　　　　(　　)
5. 从广义范围来看,物流信息是指产生于物流活动(如运输、储存、包装、装卸、流通、加工、配送等)的信息。　　　　　　　　　　　　　(　　)

四、简答题

1. 什么是信息?什么是信息技术?什么是信息系统?
2. 现代物流信息技术有哪些类别?
3. 信息系统的基本结构可分为哪几个层次?

参考答案

一、单选题

1	2	3	4	5
B	A	D	A	B

二、多选题

1	2	3	4	5
ABCD	ABC	ABD	ABCD	ABCD

三、判断题

1	2	3	4	5
√	√	×	√	×

四、简答题

1.什么是信息? 什么是信息技术? 什么是信息系统?

①信息是由客观事物产生的能被接收者接收的数据。在这些数据被接收的过程中,经过被接收者的过滤与分析,达到了对事物了解认识的目的。

②信息技术是主要用于管理和处理信息所采用的各种技术的总称,也常被称为信息和通信技术,主要包括传感技术、计算机技术和通信技术。

③信息系统是以提供信息服务为主要目的的数据密集型、人机交互的计算机应用系统。

2.现代物流信息技术有哪些类别?

①物流信息基础技术,即有关元件、器件的制造技术,它是整个信息技术的基础。

②现代物流信息系统技术,即有关物流信息的获取、传输、处理、控制的设备和系统的技术。它是建立在信息基础技术之上的,是整个信息技术的核心。

③现代物流信息应用技术,即基于管理信息系统(MIS)技术、优化技术和计算机集成制造系统(CIMS)技术而设计出的各种物流自动化设备和物流信息管理系统。

④现代物流信息安全技术,即确保物流信息安全的技术。

3.信息系统的基本结构可分为哪几个层次?

①硬件、操作系统和网络层。

②数据管理层。

③应用层。

④用户接口层。

任务 2
使用条码

教学要求

1. 陈述条码的概念、特点和分类；

2. 区分常用条码的不同结构；

3. 理解条码编码的原则和方法；

4. 叙述二维条码的概念和种类；

5. 对比一维条码和二维条码的特点；

6. 描述条码识别系统的组成和识别的原理；

7. 清楚条码识别设备的种类及选购方法；

8. 感悟条码技术在物流活动中的重要作用。

学时建议

知识性学习:6 课时

案例学习讨论:2 课时

现场观察学习:6 课时(业余自主学习)

【导学语】

在现代的大型超市管理中,条码的应用已经不可或缺。大型超市从纵向到横向,从商品的流通、供应商的选择到客户及员工的管理,都已充分使用条码技术。那么,你知道什么是条码吗? 条码技术的应用对人们的日常生活以及物流活动有着什么样的重要影响呢?

卷首案例

"小"条码产生"大"效益

一、客户背景

山东某织业有限公司是一家集棉纺、织造、印染及后整理于一体的大型专业毛巾生产企业,已有近40年毛巾类产品的生产历史,是山东目前规模较大、效益较好的纺织企业之一。

二、实施背景

该公司比较重视企业信息化管理,在2001年已经开始实施了"浪潮"管理软件。但由于企业的实际情况,该软件仅仅在财务方面起到了作用,在仓库管理的实际应用中仍然采用手工记账的传统办法。存在以下问题:

1. 每日成品车间与销售部仓管员交接产品耗时耗力,花费大量时间;

2. 统计的数量不准确,造成某些产品生产过剩而某些产品生产量不足的后果;

3. 销售人员不能在第一时间得到准确的库存信息,可能错失商机;

4. 管理人员不能方便地提取产品生产销售信息,不能及时决策;

5. 部分库存产品存放时间过长,导致产品质量下降,影响企业信誉。

以上问题在当时已经严重影响了该企业的快速成长,同时也造成许多浪费和损失!

经过多次调研,该公司提出了采用产品条码标识的仓库管理解决方案,具体包括:采用条码作为成品箱的标识,以条码为数据源,使用条码阅读器(条码扫描器)扫描成品的条码标识,进行数据采集,记录产品及各种信息,实现对产品的生产、库存、销售跟踪服务的管理等。条码管理需要产生产品条码,以便对产品的生产、进仓和售出数据分别进行采集。

三、实施结果

采用条码仓库管理,不仅符合条码应用的特点,如:投入成本较低、见效快、对操作者要求低等,同时也解决了以下问题:

1. 成品下线后和仓库交接时间由原来 4 个小时缩短为现在的 10 分钟,发货备货时间由原来 2 个小时缩短为 8 分钟左右,且准确度大大提高;

2. 由于条码的特点,使统计数据十分准确、及时,提高了对销售人员的信息支持,也提高了管理者的及时决策能力;

3. 由于采用先进先出的原则及利用库存报警功能,大大降低了库存产品存放过长的风险。

四、公司评价

信息部经理:成品结合条码管理,程序简洁易用,完全符合实际操作要求,对工人无需特别培训,大大提高了工人操作效率。大家一致评价这套条码管理系统非常实用。

董事长:这套条码仓库管理系统彻底改善了我们公司历年来成品管理散、乱、杂等现象,我们可以准确作出生产销售计划。小条码给我们带来了大效益。

条码作为一种信息载体,已普遍应用在生活中。特别是对于现代企业,充分利用条码技术进行管理已势在必行。再配合先进的电脑技术及自动识别技术,定会提高企业的管理效率,使企业的行政架构得以精简,可减少工作强度及人力耗费。清楚货品的进、销、存和流向等,对企业至关重要。而产品资料的实时性收集,更会加快企业的运作效率,使企业能精确制定各项数据报告。

所以,懂得充分利用先进的条码技术进行全面地管理,是现代化企业的一个重要课题。

【学一学】

2.1 条码概述

2.1.1 条码的发展及意义

条码的雏形诞生于 20 世纪 20 年代的西屋电气实验室。当时,一位名叫约翰·克莫德(John Kermode)的人为了实现邮政单据的自动分拣而在信封上做条码标记,里面的信息就是收信人的地址,和今天的邮政编码类似。他的设计方案非常简单,用一个“条”表示数字“1”,两个“条”表示数字“2”,其余数字则依此类推。然后,他又发明了条码识读设备,包括 1 个扫描器(能够发射光并接收反射光)、1 个边缘定位线圈(用于测定反射信号的条/空特性)和 1 个译码器(用于对信号进行译码)。

1949 年,美国 IBM 公司的技术专家诺姆·伍德兰德(Norm Woodland)和贝尼·西尔弗(Benny Silver)获得了一项商品标识码的专利,也就是被称为"公牛眼"的代码。

1971 年,美国成立了统一代码委员会(Uniform Cord Council,UCC)并在 1973 年建立了 UPC 条码系统,实现了该码制的标准化。同年,食品杂货业把 UPC 码作为该行业的通用标准码制,为条码技术在商业流通销售领域里的广泛应用起到了积极的推动作用。

1976 年,在美国和加拿大超级市场上,UPC 码的成功应用给人们以很大的鼓舞,尤其是欧洲人对此产生了极大兴趣。次年,欧洲共同体在 UPC-A 条码基础上制定出欧洲物品编码 EAN-13 和 EAN-8 条码,签署了"欧洲物品编码"协议备忘录,并正式成立了欧洲物品编码协会(简称 EAN)。到了 1981 年,由于 EAN 已经发展成为一个国际性组织,故改名为"国际物品编码协会",简称 IAN。但由于历史原因和习惯,至今仍称之为 EAN。

1988 年底,我国成立了"中国物品编码中心"。它于 1991 年代表中国加入"国际物品编码协会"。同年,我国发布了《通用商品条码》等 5 项条码国家标准。

在信息化时代的今天,运用计算机进行信息处理时,我们面临的一个重要问题就是如何提高信息输入的速度和准确性,使之与计算机的高速运算能力相匹配。只有很好地解决了这个问题,才能充分发挥计算机高速、准确处理信息的能力。因此,需要一种简单、易行、廉价、高速的输入技术,而条码技术正是具备了这些特征,所以它为世界许多国家所重视,并获得了极大的发展。

2.1.2 条码的概念、结构及特点

1)条码的概念

条码(Bar Code),亦称条形码,是利用光扫描阅读并实现数据输入计算机的一种特殊代码。它是由一组粗细不同、黑白或彩色相间、排列规则的条、空及对应的字符组成的标记,用以表示一定的信息,如图 2.1 所示。"条"是指对光线反射率较低的部分,"空"是指对光线反射率较高的部分。这些条和空组成的数据表达了一定的信息,它能够被特定的设备识读并转化成与计算机兼容的二进制和十进制数字信息。

图 2.1 条码实例

2)条码的结构

条码符号包含机读符号(条码符号,黑白或彩色相间的条、空)和人读符号(字符代码,供人识读的字符、数字、字母)两部分。其中,机读符号由两侧空白区、起始字符、数据字符、校验字符(可选)和终止字符组成,其排列方式如图2.2所示。

图2.2 条码的结构

(1)空白区

空白区是指没有任何印刷符或条码信息的区域,它通常是白的,位于条码符号的两侧。它的作用是提示阅读器准备扫描条码符号。

(2)起始字符

条码符号的第一位字符是起始字符,它的特殊条、空结构用于识别条码符号的开始。

(3)数据字符

它由条码字符组成,用于代表一定的原始数据信息。

(4)终止字符

条码符号的最后一位字符是终止字符,它的特殊条、空结构用于识别一个条码符号的结束。

小贴士

起始字符和终止字符的条、空结构通常是不对称的二进制序列。这一非对称形式允许扫描器进行双向扫描。当条码符号被反向扫描时,阅读器会在进行校验计算和传送信息前把条码各字符重新排列成正确的顺序。

(5)校验字符

在条码制中定义了校验字符。有些码制的校验字符是必须的,有些码制的校验字符则是可选的。校验字符是通过对数据字符进行一种算术运算而确定的。当符号中的各字符被解码时,译码器将对其进行同一种算术运算,并将结果与校验字符比较。若两者一致,则说明识读的信息有效。

3)条码的特点

在目前的信息输入和识别技术中,条码的应用具有以下特点:

(1)准确度高

根据有关资料,通过普通键盘输入的字符错误率在 1/300 左右。而利用条码扫描输入,其字符误读率平均只有 1/3 000 000。如果加上校验位,条码的出错率可低于 1/10 000 000。

(2)输入速度快

条码扫描输入速度是键盘输入速度的 20 倍。

(3)灵活性高

条码符号既可自动扫描识别,也可手工键盘输入。

(4)易于制作

条码识别设备的结构简单,操作容易,无需专门训练,对印刷技术、设备和材料也无特殊要求。

(5)经济性好

条码识读设备及印刷价格比较便宜。

(6)自由度大

识别装置与条码标签相对位置的自由度比 OCR 大得多。条码通常只在一维方向上表达信息,同一条码上所表示的信息完全相同并且连续。这样,即使标签有部分残缺,也仍可以从正常部分读入正确的信息。

2.1.3 条码的编码原则和方法

1)条码的编码原则

(1)唯一性原则

唯一性原则是指对同一商品项目的商品应分配相同的商品标识代码。基本特征相同的商品视为同一商品项目,基本特征不同的商品视为不同的商品项目。商品的基本特征主要包括商品名称、商标、种类、规格、数量、价格、颜色、包装类型等。

（2）无含义性原则

无含义性原则是指商品标识代码中的每一位字符及其位置一般不表示商品的任何特定信息。商品编码仅仅是一种识别商品的手段，而不是商品分类的手段。

（3）稳定性原则

稳定性原则是指商品标识代码一旦被分配，若商品的基本特征没有发生变化，其代码就应保持不变。当此种商品不再生产时，其对应的代码只能被搁置起来，不得再分配给其他商品。这样做有利于生产和流通各环节的管理信息系统数据保持一定的连续性和稳定性。

2) 条码的编码方法

不同码制的条码在编码方式上有所不同。编码的方法可分为以下两种。

（1）宽度调节编码法

宽度调节编码法是指条码符号中的条和空均由宽、窄两种单元组成的条码编码方法。采用这种方式编码时，以窄单元（条或空）表示逻辑值"0"，宽单元（条或空）表示逻辑值"1"，宽单元通常是窄单元的 2～3 倍。39 条码、库德巴条码及交叉 25 条码均属宽度调节型条码。

（2）模块组配编码法

模块组配编码法是指条码符号的字符由规定的若干个模块组成的条码编码方法。按照这种方式编码，条与空是由模块组合而成的。一个模块宽度的条模块表示二进制的"1"，而一个模块宽度的空模块表示二进制的"0"。EAN 条码、UPC 条码均属模块组配型条码。

2.1.4 条码的类型

条码按照不同的分类方法和编码规则可以分为许多种，现在已知并正在使用的条码就有 250 多种。

1) 按码制分类

条码按码制可分为 UPC 条码、EAN 条码、交叉 25 条码、128 条码、库德巴条码、39 条码、93 条码、49 条码等，如表 2.1 所示。

表2.1 条码按码制不同分类

条码类型	39条码	库德巴条码	128条码	交叉25条码	EAN条码	UPC条码
支持符号	数字 字符	数字 字符	数字 字符	数字	数字	数字
字符集	0~9, A~Z, -/+%$	0~9, -/+%$	ASCⅡ码	0~9	0~9	0~9
校验码	有	有	可选	有	有	有
上市年份	1974年	1977年	1981年	1972年	1977年	1973年
应用领域	工业	图书馆 血库	工业 库存管理 运输配送	仓储 产品识别 包装识别 一般工业 汽车业	流通业	零售业 包装业

2）按条码数字的长度分类

（1）定长条码

定长条码是指字符个数固定的条码,如EAN条码、UPC条码。定长条码译码的误读率相对较低。

（2）非定长条码

非定长条码是指字符个数可变的条码,如交叉25条码、39条码、库德巴条码。非定长条码具有灵活、方便等优点。但受扫描器及印刷面积的限制,它不能表示任意多个字符,并且在扫描阅读过程中可能产生因信息丢失而引起错误的错误译码。

3）按排列方式分类

（1）连续型条码

连续型条码是指每个条码字符之间不存在间隔,其密度相对较高。

（2）非连续型条码

非连续型条码是指每个条码字符之间存在间隔,其密度相对较低。

4)按条码维数分类

（1）一维条码

一维条码就是我们通常所说的传统条码，它分为商品条码和物流条码。

（2）二维条码

二维条码根据构成原理、结构形状的差异分为行排式二维条码和矩阵式二维条码。

2.1.5 常用的条码

1)EAN 条码

EAN 条码是国际物品编码协会制定的一种代码，通用于全世界。我国的通用商品条码就是这种类型。EAN 条码常用的自带码有 EAN—13 和 EAN—8 两种。

（1）EAN—13 条码

EAN—13 条码既可用于销售包装，又可用于储运包装。这种条码由 13 位数字组成，也称 EAN 标准版条码，其结构如图 2.3 所示。

6 9 0 1 2 3 4 0 0 0 0 1 6

前缀码　企业代码　商品代码　校验码

图2.3　EAN—13 条码及结构

①前缀码：由 2～3 位数字组成，用于标示商品来源的国家或地区，由 EAN 总部统一分配和管理。EAN 总部分配给中国（大陆）的前缀码为 690～692。

②企业代码（厂商代码）：由 4～5 位数字组成，由企业所在国或地区的物品编码管理机构分配。中国（大陆）的企业代码由中国物品编码中心分配。

③商品代码（产品代码）：由 5 位数字组成，由制造厂商自行分配。

④校验码：由 1 位数字组成，是通过一定计算而来，用于计算机自动校验整个代码录入是否正确。

（2）EAN—8 条码

当印刷面积不足以印刷 EAN—13 条码时，可将商品编成 8 位数字代码，只用于商品销售包装。这种条码也称 EAN 缩短版条码,其结构如图 2.4 所示。

图 2.4　EAN—8 条码及结构

2)UPC 条码

UPC 条码是美国统一代码委员会制定的一种代码,主要用于美国和加拿大。由于其应用范围广泛,故又被称为万用条码。UPC 条码共有 A,B,C,D,E 五种版本,常用的有 UPC—A 和 UPC—E 两种。

(1)UPC—A 条码

UPC—A 条码,用于商品的销售包装和储运包装,它由 12 位数字的字符代码组成,称为标准版的 UPC 条码,其结构如图 2.5 所示。

图 2.5　UPC—A 条码及结构

系统码位于左侧安全空间,数字不同则含义不同,如表 2.2 所示。

表 2.2　UPC—A 系统码的含义

系统码	含　义
0	表示规则数量包装的商品
2	表示不规则数量包装的商品
3	表示医药卫生用品
5	表示信用卡销售的商品
7	表示中国申报的美国统一代码委员会会员专用

（2）UPC—E 条码

UPC—E 条码是缩短版的 UPC 条码,只用于商品销售包装,由 8 位数字的字符代码组成,其结构如图 2.6 所示。

系统码　消零压缩后的企业代码和商品代码　校验码

图 2.6　UPC—E 条码及结构

3) ITF 条码

ITF 条码又称交叉 25 条码,主要用于运输包装,是印刷条件较差、不允许印刷 EAN—13 和 UPC—A 条码时所采用的一种条码。目前主要使用的是由 14 位数字组成的 ITF—14 条码,如图 2.7 所示。

保护框　空白区　1　54　00141　28876　3　空白区

图 2.7　ITF—14 条码

4) EAN—128 条码

在物流配送过程中,为便于扫描,可应用 EAN—128 条码将生产日期、有效日期、运输包装序号、重量、体积、尺寸和送货地址等重要信息条码化,如图 2.8 所示。

(00) 3 5 0 1 2 3 4 5 1 2 3 4 5 6 7 8 9 4

图 2.8　EAN—128 条码

小贴士

商品条码的标准尺寸是 37. 29 mm × 26. 26 mm,放大倍率是 0.8 ~ 2.0。当印刷面积允许时,应选择 1.0 倍率以上的条码,以满足识读要求。放大倍率越小的条码,印刷精度要求越高。当印刷精度不能满足要求时,易造成条码识读困难。

2.2 二维条码

一维条码所携带的信息量有限,如 EAN—13 条码仅能容纳 13 位阿拉伯数字,更多的信息则只能依赖商品数据库的支持。离开了预先建立的数据库,一维条码就没有意义了,因此在一定程度上也限制了一维条码的应用范围。基于这个原因,人们在 20 世纪 90 年代发明了二维条码。

2.2.1 二维条码概述

1)二维条码的含义

二维条码是用某种特定的几何图形按一定规律(水平和垂直二维方向上)分布成黑白相间的图形来记录数据符号信息的一种条码技术(如图 2.9 所示)。它在代码编制上巧妙地利用了构成计算机内部逻辑基础的"0"、"1"比特流的概念,使用若干个与二进制相对应的几何形体来表示文字、数值信息,并通过图像输入设备或光电扫描设备自动识读以实现信息自动处理。

图 2.9 二维条码实例

2)二维条码的特点

二维条码除了具有一维条码的优点外,还有信息量大、可靠性高、纠错能力强等特点。

（1）信息容量大

根据不同的条、空比例，二维条码每平方英寸可以容纳250~1 100个字符。如PDF417条码可以在国际标准的证卡有效面积上（相当于信用卡面积的2/3，约为76 mm×25 mm）容纳1 848个字母字符或2 729个数字字符，约500个汉字信息，可以将照片、指纹、掌纹、签字、声音、文字等可数字化的信息进行编码。这种二维条码的信息容量比一维条码高近百倍。

（2）译码可靠性高

一维条码的译码错误率约为2/1 000 000，而二维条码的误码率不超过1/10 000 000，译码可靠性极高。

（3）纠错能力强

二维条码采用了世界上最先进的数学纠错算法，如果条码破损面积不超过50%，一般都可将由于玷污、破损而丢失的信息破译出来。

（4）容易制作且成本低

利用现有的点阵、激光、喷墨、热敏/热转印、制卡机等打印技术，即可在纸张、卡片、PVC甚至金属表面上印出二维条码，由此增加的费用仅是油墨的成本。

（5）保密、防伪性能好

二维条码具有多重防伪特性，它可以采用密码防伪、软件加密以及利用所包含的信息如指纹、照片等进行防伪，因此具有极强的保密防伪性能。

2.2.2 二维条码的分类

二维条码可以分为堆叠式/行排式二维条码和矩阵式二维条码。

1）堆叠式/行排式二维条码

堆叠式/行排式二维条码又称堆积式二维条码或层排式二维条码，其编码原理是建立在一维条码基础之上，即按需要堆积成二行或多行。它在编码设计、校验原理、识读方式等方面继承了一维条码的一些特点，其识读设备、条码印刷与一维条码技术兼容。但由于行数的增加，需要对行进行判定，其译码算法与软件也不完全相同于一维条码。有代表性的行排式二维条码有 Code 16K，Code 49，PDF417 等，如图 2.10 所示。

图2.10 几种常见的行排式二维条码

2)矩阵式二维码

矩阵式二维条码(又称棋盘式二维条码)是建立在计算机图像处理技术、组合编码原理等基础上的一种新型图形符号自动识读处理码制。它是在一个矩形空间通过黑、白像素在矩阵中的不同分布来进行编码。在矩阵相应元素位置上,用点(方点、圆点或其他形状)的出现表示二进制"1",点的不出现表示二进制的"0",这些点的排列组合确定了矩阵式二维条码所代表的意义。具有代表性的矩阵式二维条码有:Code One,Maxi Code,QR Code,Data Matrix 等,如图2.11 所示。

图2.11 几种常见的矩阵式二维条码

2.2.3 二维条码在物流中的应用

1)二维条码在物流管理中的应用

(1)生产线上的产品跟踪

在日常生产中,二维条码用于对产品的生产过程进行跟踪。商务中心下达的生产任务单会跟随相应的产品进行流动。然后在每一生产环节开始时用生产线终端扫描任务单上的条码,以更改数据库中的产品状态,最后于产品下线包装时打印并粘贴产品的客户信息条码。

(2)产品标签管理

在产品下线时,产品标签由制造商打印并粘贴在产品包装的明显位置,成为跟踪产品流转的重要标志。

若产品制造商未提供条码标签或标签损坏,可利用系统提供的产品标签管理模块重新生成所需的标签。

（3）产品入库管理

入库时识读商品上的二维条码标签，同时录入商品的存放信息，可将商品的特性信息及存放信息一同存入数据库，还可于存储时检查其是否重复录入。采用二维条码传递信息，有效地避免了人工录入的失误，实现了数据的无损传递和快速录入，将商品的管理推进到更高的层次——个体管理。

（4）产品出库管理

产品出库管理是指根据商务中心产生的提货单或配送单选择相应的产品出库。为便于出库备货，可根据产品的特征进行组合查询，可打印查询结果或生成可用于移动终端的数据文件。产品出库时，通过扫描商品上的二维条码可对出库商品的信息进行确认，同时更改其库存状态。

（5）仓库内部管理

在库存管理中，二维条码一方面可用于存货盘点。如通过手持无线终端收集盘点商品信息，然后将收集到的信息由计算机进行集中处理，从而形成盘点报告。另一方面，二维条码还可用于出库备货。

（6）货物配送

二维条码在配送管理中具有重要的意义。比如，配送前可将配送商品资料和客户订单资料下载到移动终端中，待商品配送到达客户后，可打开移动终端调出客户相应的订单，然后根据订单情况挑选货物并验证其条码标签；确认配送完一个客户的货物后，移动终端会自动校验配送情况并作出相应的提示。

（7）保修维护

维修人员可使用二维条码识读器识读客户信息和条码信息标签，确认商品的资料；维修结束后，录入维修情况及相关信息。

2）二维条码在运输行业的应用

一个典型的运输业务过程通常经历供应商—货运代理—货运公司—客户等几个过程，在每个过程中都牵涉到发货单据的处理。发货单据含有大量的信息，包括：发货人信息、收货人信息、货物清单、运输方式等。单据处理的前提是数据的准确录入。人工键盘录入的方式存在着效率低、差错率高的问题，已不能适应现代运输业的要求。

二维条码在这方面提供了一个很好的解决方案。它将单据的内容编成一个二维条码并打印在发货单据上，在运输业务的各个环节再使用二维条码阅读器扫描条码，信息便录入到计算机管理系统中，既快速又准确。

在美国,EDI 应用虽然革新了业务流程的核心部分,但它却忽略了流程中的关键角色——货运公司。许多 EDI 报文对于货运商来说总是迟到,以至于不能及时确认准确的装运单信息而影响了货物运输和客户单据的生成。美国货运协会(ATA)因此提出了纸上 EDI 系统。即发送方将 EDI 信息编成一张 PDF417 条码标签提交给货运商,然后通过扫描条码,信息便立即传入货运商的计算机系统。这一切都发生在恰当的时间和恰当的地点,使得整个运输过程的效率大大提高。

3)二维条码在资产管理中的应用

例如,美国钢管公司在各地拥有不同种类的管道需要维护。为了跟踪每根管子,该公司将管子的编号、位置、制造厂商、长度、等级、尺寸、厚度以及其他信息编成一个 PDF417 条码,将它制成标签并贴在管子上。当管子移走或安装时,操作员可通过扫描条码标签使数据库信息得到及时更新。

再如,工厂可以采用二维条码跟踪生产设备,医院和诊所也可以采用二维条码标签跟踪设备、计算机及手术器械。

2.3 条码识别系统

2.3.1 条码识别系统的组成与识读原理

条码的识别就是借助一定的专业设备将条码中含有的编码信息转换为计算机可识别的数字信息的过程。

1)条码识读系统的基本组成

条码识读系统由扫描、放大整形、译码和计算机等系统组成,如图 2.12 所示。

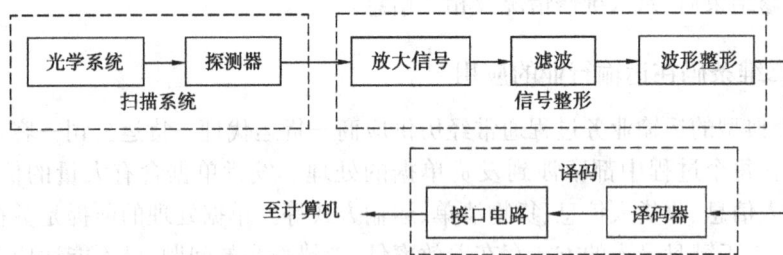

图 2.12 条码识别系统的组成

2)条码识别的基本原理

不同颜色的物体反射的可见光的波长不同。白色物体能反射各种波长的可见光,黑色物体则吸收各种波长的可见光。所以当条码扫描器光源发出的光照射到黑白相间的条码上时,条码扫描器的光电转换器会接收到与白条和黑条相应的强弱不同的反射光信号,并将之转换成相应的电信号(光/电转换)。白条、黑条的宽度不同,相应的电信号持续时间长短也不同。

由于光电转换器输出的与条码的条和空相应的电信号一般为 10 mV 左右,不能直接使用,因而先要将光电转换器输出的电信号送放大器放大。由于放大后的电信号仍然是一个模拟信号,为了避免由条码中的疵点和污点导致错误信号,需在放大电路后加一整形电路把模拟电信号转换成数字电信号(模/数转换),以便计算机系统能准确判读。

整形电路的脉冲数字信号经译码器译成数字、字符信息。译码器通过识别起始、终止字符来判别出条码符号的码制及扫描方向;通过测量脉冲数字电信号 0、1 的数目来判别出条和空的数目;通过测量 0、1 信号持续的时间来判别条和空的宽度,这样便得到了被识读的条码符号的条和空的数目、宽度和所用码制。根据码制所对应的编码规则,条码扫描器便可将条形符号转换成相应的数字、字符信息,然后通过接口电路送给计算机系统进行数据处理与管理,便完成了条码识读的全过程,如图 2.13 所示。

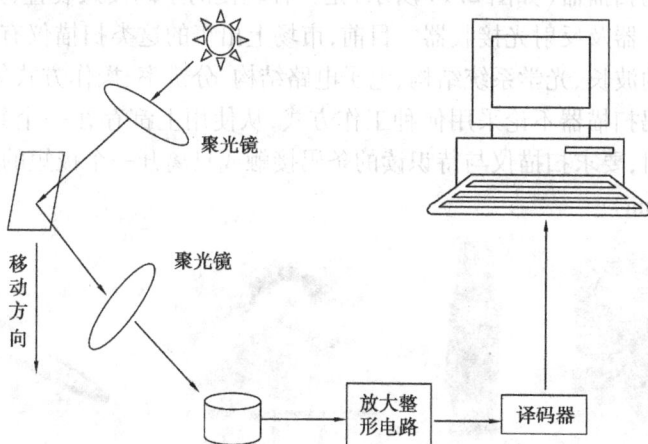

图 2.13　条码识别原理

条码的识读是通过条码的条和空的颜色对比度来实现的。一般情况下,只要能够满足对比度(PCS值)要求的颜色即可使用。通常,采用浅色作空的颜色,如白色、橙色、黄色等;采用深色作条的颜色,如黑色、暗绿色、深棕色等,最好的颜色搭配是黑条白空。根据条码检测的实践经验,红色、金色、浅黄色不宜作条的颜色,透明、金色不能作空的颜色。

2.3.2　常用条码识读设备

条码识读设备是用来读取条码信息的设备。它用一个光学装置将条码的条、空信息转换成电平信息,再由专用译码器将之翻译成相应的数据信息。条码识读设备一般不需要驱动程序,联接上电脑后即可直接使用,如同键盘一样。

1)条码识读设备

目前,条码识读设备种类很多,生产的厂家也很多。条码识读设备从原理上可分为光笔、CCD和激光三类,从形式上可分为手持式和固定式两种。

(1)光笔条码扫描器

光笔条码扫描器(如图2.14所示)是一种轻便的条码读入装置,光笔内部装有扫描光束发生器及反射光接收器。目前,市场上出售的这类扫描仪有很多种,它们主要在发光的波长、光学系统结构、电子电路结构、分辨率、操作方式等方面存在不同。光笔条码扫描器不论采用何种工作方式,从使用上都存在一个共同点,即:阅读条码信息时,要求扫描仪与待识读的条码接触或只离开一个极短的距离(一般仅0.2 mm~1 mm)。

图2.14　各种光笔条码扫描器

(2)卡槽式条码扫描器

卡槽式条码扫描器(如图2.15所示)可以用于医院病案管理、身份验证、考勤和生产管理等领域。这种扫描器内部的机械结构能保证标有条码代码的卡式证件或文件在插入滑槽后自动沿轨道做直线运动。在卡片前进过程中,扫描光点将条码信息读入。卡槽式条码扫描器一般都具有向计算器传送数据的能力,同时具有声光信号以提示识别正确与否。

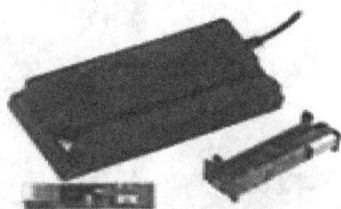
图 2.15 卡槽式条码扫描器

(3)CCD 扫描器

CCD 元件是一种采用半导体技术制造的器件,通常选用具有电荷耦合性能的光电二极管和 CMOS 电容制成。CCD 扫描器(如图 2.16 所示)是利用光电耦合(CCD)原理对条码印刷图案进行成像,然后再进行译码的一种装置。它的特点是无任何机械运动部件,性能可靠,寿命长;按元件排列的节距或总长计算,可以进行测长;价格比激光枪便宜;可测条码的长度受限制;景深小。

图 2.16 CCD 扫描器

选择 CCD 扫描器时,最重要的是两个参数:

①景深。由于 CCD 的成像原理类似于照相机,如果要加大景深,则相应地要加大透镜,从而使 CCD 体积过大,不便操作。优秀的 CCD 应无须紧贴条码即可识读,且体积适中、操作舒适。

②分辨率。如果要提高 CCD 分辨率,必须增加成像处光敏元件的单位元素。低档 CCD 一般是 512 像素(pixel),识读 EAN、UPC 等商品条码已经足够,但对于别的码制识读就会困难一些。中档 CCD 以 1 024 像素为多,有些甚至达到 2 048 像素,能分辨最窄单位元素为 0.1 mm 的条码。

(4)激光手持式扫描器

激光手持式扫描器(如图 2.17 所示)是利用激光二极管作为光源的单线式扫描器,它主要分为转镜式和颤镜式两种。

转镜式激光扫描器的代表品牌是 Sp400,它采用高速马达带动一个棱镜组旋转,从而使二极管发出的单点激光变成一线。

颤镜式激光扫描器的制作成本低于转镜式,但这种原理的激光枪不易提高扫

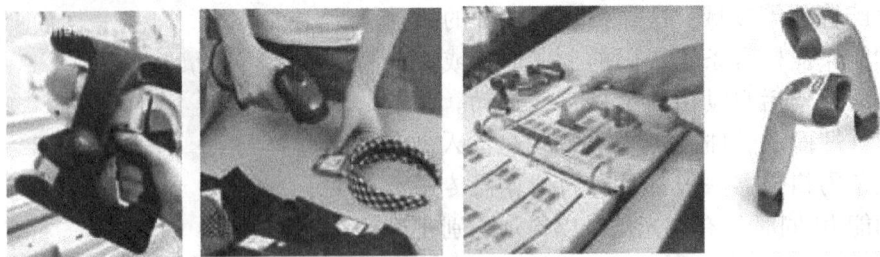

图 2.17　激光手持式扫描器

描速度,一般为33次/秒,个别型号如 Opticon 可以达到100次/秒。其代表品牌为 Symbol,Psc 和 Opticon。

　　商业企业在选择激光扫描器时,最看重的是扫描器的扫描速度和分辨率,而景深并不是关键因素。因为当景深加大时,分辨率会大大降低。优秀的激光手持式扫描器应当是高扫描速度,并在固定景深范围内保持很高的分辨率。

　　(5)全角度条码扫描器

图 2.18　全角度条码扫描器

　　全角度条码扫描器(如图2.18所示)是通过光学系统使激光二极管发出的激光折射成多条扫描线的条码扫描器,主要目的是减轻收款人员录入条码数据时对准条码的劳动。

　　选择全角度条码扫描器时,应着重注意其扫描线的花斑分布:

　　①在一个方向上有多条平行线;

②在某一点上有多条扫描线通过;

③在一定的空间范围内各点的解读几率趋于一致。

符合以上三点的全角度条码扫描器应是商家的首选。

　　2)条码识读器选择原则

　　不同的应用场合对识读设备有着不同的要求,用户必须综合考虑,以达到最佳的应用效果。在选择识读设备时,应考虑以下几个方面。

　　(1)与条码符号相匹配

　　条码扫描器的识读对象是条码符号,所以在条码符号的密度、尺寸等已确定的应用系统中,必须考虑扫描器与条码符号的匹配问题。例如对于高密度条码符号,必须选择高分辨率的扫描器。当条码符号的长度尺寸较大时,必须考虑扫描器的最大扫描尺寸,否则可能出现无法识读的现象。当条码符号的高度与长度尺寸比值小时,最好不选用光笔,以避免人工扫描的困难。如果条码符号是彩色的,一定得考虑扫描器的光源,最好选用波长为 633 nm 的红光,否则可能出现对比度不足的问题而给识读带来困难。

（2）首读率

首读率是条码应用系统的综合指标。要提高首读率,除了要提高条码符号的质量外,还要考虑扫描设备的扫描方式等因素。当手动操作时,首读率并非特别重要,因为重复扫描会补偿首读率低的缺点。但对于一些无人操作的应用环境,要求其首读率为 100%,否则会出现数据丢失现象。为此,最好是选择移动光束式扫描器,以便在短时间内有几次扫描机会。

（3）工作空间

不同的应用系统都有特定的工作空间,所以对扫描器的工作距离及扫描景深有不同的要求。对于一些日常办公条码应用系统,由于它对工作距离及扫描景深的要求不高,选用光笔、CCD 扫描器这两种扫描景深和工作距离均较小的设备即可满足要求。对于一些仓库、储运系统,由于大都要求离开一段距离扫描条码符号,所以要求扫描器的工作距离较大,故要选择有一定工作距离的扫描器,如激光枪等。对于某些扫描距离会变化的场合,则需要扫描景深大的扫描设备。

（4）接口要求

应用系统的开发,首先是确定硬件系统环境,而后才涉及条码识读器的选择问题,这就要求所选识读器的接口要符合该系统的整体要求。通用条码识读器的接口方式有串行通信口和键盘口两种形式。

（5）性价比

条码识读器由于品牌不同、功能不同,其价格也存在很大的差别。因此我们在选择识读器时,一定要注意产品的性能价格比,应本着满足应用系统的要求且价格较低的原则选购。

扫描设备的选择不能只考虑单一指标,而应根据实际情况全面考虑。

2.3.3　条码技术的应用

1）条码在零售业的应用

（1）销售店面的实时数据采集

使用基于无线网络技术的实时数据采集系统,可以为经营者创造更多的利润并提供一个新的作业环境,可以帮助控制店面中存货的流动;能有效地把前台系统

(POS)和后台系统结合起来,加快商品的流通速度,增强营运能力,同时可跟踪客户的购买模式。总而言之,它能使商场作业更高效、更方便。

(2)配送中心的实时数据采集

配送中心是商家货物集散中心,从卸货、理货、收货直到配货、出货、装货、存车的众多环节均有各种作业同步交错进行,是一个典型的实时多进程管理系统。在这一过程中,实时准确的数据登录、处理、利用,对于加速物流周转、减少中间损失、降低营运成本等显得极为重要。基于无线技术的实时数据采集系统,可以充分发挥其优势。

(3)客户导购

在大型商场和超市中,有些顾客需要一次采购大批商品,如集团采购、企业采购等。使用无线网络,可以提高业务处理效率,为客户提供更好的服务。

服务形式:由导购人员携带无线终端帮助客户选购商品,记录客户选中商品的名称和数量,并实时传送到后台处理系统帮助客户备货。客户完成商品选购后,可以直接到后台结算,然后可以直接提货或要求送货上门。

(4)经理巡察中的实时数据跟踪

经理在店面巡视时,他可以通过扫描商品条码而直接在主机中查询该商品的进价、当前库存情况、当天销售情况、最新价格等。经理可以很方便地根据店面中的商品现场销售势头迅速决策,如是否调整价格等。无线网络使经理可以随时随地获得信息,把握全局。

2)二维条码的应用

二维条码具有储存量大、保密性高、追踪性高、抗损性强、备援性大、成本便宜等特性,这些特性特别适用于表单、安全保密、追踪、证照、存货盘点、资料备援等方面。

(1)表单应用

二维条码可应用于公文表单、商业表单、进出口报单、舱单等资料的传送交换,可减少人工重复输入表单资料,避免人为错误,降低人力成本。

(2)保密应用

如应用于商业情报、经济情报、政治情报、军事情报、私人情报等机密资料的加密及传递。

(3)追踪应用

如应用于公文自动追踪、生产线零件自动追踪、客户服务自动追踪、邮购运送自动追踪、维修记录自动追踪、危险物品自动追踪、后勤补给自动追踪、医疗体检自动追踪、生态研究自动追踪等。

（4）证照应用

二维条码可应用于护照、身份证、挂号证、驾照、会员证、识别证、连锁店会员证等证照资料的登记及自动输入，发挥"随到随读、立即取用"的资讯管理效果。

（5）盘点应用

如应用于物流中心、仓储中心、联勤中心的货品及固定资产的自动盘点，发挥"立即盘点、立即决策"的效果。

（6）备援应用

文件表单的资料若不愿或不能以磁碟、光碟等电子媒体储存备援时，可利用二维条码来储存备援，其携带方便，不怕折叠，保存时间长，又可影印传真以做更多备份。

【做一做】

一、经典案例阅读

条码在汽车制造行业的应用

1. 背景资料

天津某汽车有限公司是日本著名汽车公司在中国的第一个轿车生产基地。在这里，该汽车公司不惜投入最新技术，生产专为中国市场而最新开发的、充分考虑到环保、安全等因素的新型小轿车。

汽车是在小批量、多品种混合生产线上生产的。以前，写有产品种类生产指示命令的卡片被安放在产品生产台，这些命令被各个作业操作人员读取而完成组装任务。使用这些卡片存在严重的问题和隐患，包括：速度、出错率、数据统计、协调管理、质量管理等方面。

如果用二维条码来取代手工卡片，初期投入费用并不高，而且建立了高可靠性的系统。

①生产线的前端，条码打印机根据主控计算机发出的生产指示信息打印出1张条码标签，并贴在产品的载具上。

②各作业工序中，操作人员用条码识读器读取载具上的条码符号，将作业的信

息输入计算机,主系统对作业人员和检查装置发出指令。

③各个工序用扫描器读取贴在安装零件上的条码标签,然后再读取贴在载具上的二维条码,以确认零件安装是否正确。

④各工序中,二维条码的生产指示号码、生产线顺序号码、车身号数据和实装零部件的数据、检查数据等,均被反馈回主控计算机,用来对进展情况进行管理。

2. 案例评析

该品牌汽车在生产过程控制管理系统中成功应用了 QR 二维条码数据采集技术,节省了大量的人力和时间。主系统对生产过程的指挥能力也得到全面提升,使生产全过程和主系统连接成为一体,生产效益大大提高。

阅读思考:

1. 条码识别技术是如何提高该公司生产效率的?

2. 对于生产企业来说,条码识别技术还有哪些方面的应用呢?

二、实训活动

◎ 内容

①收集不同类型的条码,对比其结构。

②观察不同规模的超市 POS 机条码识读设备,比较其特点。

③制作二维条码(利用网络)。

◎ 目的

通过对不同类型条码的比较以及对条码识读设备的现场调研,使学生了解我国条码技术应用的现状及未来的发展趋势,使之对条码识读系统及设备、选择方法有一个大概的认识,提高学生调查研究和分析问题的能力。

◎ 人员

①实训指导:任课老师。

②实训编组:学生按 6~10 人分成若干组,每组设 1 名组长。每位同学带上笔和笔记本。

◎ 时间

1 天。

◎ 步骤

①由教师在校内组织安全教育;

②与实训超市相关部门取得联系,并组织学生集体去该超市参观;

③邀请超市各业务部门主管介绍本部门的条码技术应用情况;

④分组查看超市条码技术相关资料,并作好记录;

⑤撰写调查文档;

⑥实训小结。

◎ 要求

①在调研过程中,教师要加强理论对实践的指导。

②调研对象应尽可能多,并且具有代表性,包括不同水平、不同类型的超市,避免得出的结论以偏概全。调研的内容要尽量具体,注意所得资料的真实性、可靠性和时效性。

③学生必须遵守纪律,听从指挥,讲礼貌,懂文明,表现出良好的综合素质。

◎ 认识

作为未来的物流企业员工,应深悟条码技术的应用对物流企业的重要性,锻炼自己的动手能力、分析能力,培养团队协作精神,这对今后做好本职工作是有很大帮助的。

【议一议】

二维条码标准探寻、应用之路

近年来,随着二维条码逐渐被人们所认识,条码识别已成为信息系统通过手机连接普通大众的关键技术。在我国,与二维条码有关的市场潜在空间高达数千亿元! 二维条码技术作为最基础的自动识别信息支柱性技术之一,在我国国民经济中占有非常重要的地位,它将在各个方面影响我国国民经济的建设和发展。但由于我国自主知识产权二维条码标准的缺失,我国一直面临着来自美国、日本的技术垄断。可以说,这种垄断为我国在条码领域的长远发展埋下了一颗"定时炸弹",这是对中国企业的战略眼光与决心的一次考验。

2006 年 5 月,我国具有自主知识产权的紧密矩阵码(CM 码)/网格矩阵码(GM 码)二维条码码制正式被信息产业部批准成为国家电子行业标准。从此,中国人依靠自己的创新能力,成功阻击了国外条码技术的长驱直入。这意味着,具有中国自主知识产权的二维条码终于有了出头之日。

据专家介绍,美国的 PDF417 码、日本的 QR 码等二维条码标准没有为汉字进行专门的设计优化,对汉字的编码效率较低。而且相关的识读设备核心技术几乎都掌握在国外厂商手中,使得在国内进行销售的大多是国外厂商的代理或组装产品,生产成本高昂。此外,严格的专利保护更导致了国内的二维条码识读设备价格昂贵,并在信息安全方面存在着隐患。

中国电子技术标准化研究所副总工程师王立建认为："在该技术领域完全靠引进国外技术和国外标准无疑有悖于我国信息产业发展的基本战略,在涉及国家重大战略的技术领域内优先推动自主知识产权技术标准是国际惯例,是保护本国社会经济利益所必不可少的。"

经过多年的努力,我们终于摆脱了美国、日本在二维条码技术上的垄断,中国人自行研制的二维条码已经通过鉴定并进入了应用阶段。自主二维条码标准的确立,对信息产业的发展具有十分重要的意义。首先是对我国信息安全的保证。近两年,国外显著加强了对其标准如 EPC 编码标准、PDF417 和 QR 二维条码标准等在中国的推广力度。这些由国外政府机构支持的标准化组织或企业除了希望获得硬件设备的垄断外,最大的希望就是进入并掌控中国巨大的社会经济流通信息,以全球化和高科技的手段实现对我国有价值信息的控制,从而获得最大的商业利益。只有以自主知识产权二维条码核心技术和相应的中国标准为基础的信息系统才能将信息的"根服务器"建立在中国,从而保证国家的信息安全。其次是避免专利陷阱。中国人有了自己的条码,保证了中国在条码产业发展中的利润空间,避免了国外标准和专利所构成的风险,也就避免了巨额专利标准费用的外流。

要求:在网上查阅关于我国二维条码标准制定及应用的相关资料。

讨论:

1. 目前,我国在二维条码国际标准方面有哪些新的举措和进展?

2. 要把具有我国自主知识产权的二维条码标准成功进行市场化运作,应采取哪些措施?

提示:①加大宣传力度。②提高对二维条码技术的重视程度。③政府各部门之间的联合、企业之间的联手、部省之间的联动,促使标准实现大规模应用。④减少企业在二维条码识读设备上的损失。

【任务回顾】

通过本章的学习,我们对条码的含义、结构、特点、分类和识读有一个概括的了解。通过对条码应用的实际体验,我们了解了条码技术在我国物流企业应用的现状及发展的趋势,深感条码技术在物流活动及其他领域所起的重要作用。

【名词速查】

1. 条码

条码是利用光扫描阅读并实现数据输入计算机的一种特殊代码,它是由一组粗细不同、黑白或彩色相间、排列规则的条、空及对应的字符组成的标记,用以表示一定的信息。

2. 定长条码

定长条码是指字符个数固定的条码。

3. 非定长条码

非定长条码是指字符个数可变的条码。

4. 连续型条码

连续型条码是指每个条码字符之间不存在间隔。

5. 非连续型条码

非连续型条码是指每个条码字符之间存在间隔。

6. 二维条码

二维条码是用某种特定的几何图形按一定规律(水平和垂直二维方向上)分布成黑白相间的图形来记录数据符号信息的一种条码技术。

【任务检测】

一、单选题

1. 我国于(　　)年成立"中国物品编码中心",它于(　　)年代表中国加入"国际物品编码协会"。

　　A. 1986　1988　　　　　　　　　　B. 1988　1990

　　C. 1988　1991　　　　　　　　　　D. 1990　1991

2. 我国商品通用条码是(　　)。

　　A. UPC 条码　　　　　　　　　　B. EAN 条码

　　C. 39 条码　　　　　　　　　　　D. 库德巴条码

3. 下面各种条码中,属模块组配型的是(　　)。

　　A. 39 条码　　　　　　　　　　　B. 库德巴条码

　　C. ITF 条码　　　　　　　　　　　D. EAN 条码

4. 在 EAN—13 条码的结构中,(　　)是用于标示商品来源的国家或地区。

　　A. 企业代码　　　　B. 校验码　　　　C. 前缀码　　　　D. 商品代码

5. 手持激光扫描器的主要特点是识读距离(　　)。

　　A. 最长　　　　　B. 最短　　　　　C. 较短　　　　　D. 较长

二、多选题

1. 下列属于行排式二维条码的有(　　)。

　　A. PDF417　　　　B. QR Code　　　　C. Code 16K　　　　D. Code One

2. 下列属于矩阵式二维条码有( )。

    A. Maxi Code   B. QR Code

    C. Code 49   D. Data Matrix

3. 实现条码自动识别的过程包括( )。

    A. 光/电转换   B. 信号放大   C. 数/模转换   D. 译码

4. 选择 CCD 扫描器时,最看重的是( )。

    A. 价格   B. 景深   C. 分辨率   D. 扫描速度

5. 商业企业在选择激光扫描器时,最重要的是注意( )因素。

    A. 价格   B. 景深   C. 分辨率   D. 扫描速度

三、判断题

1. 条码中的"条"是指对光线反射率较高的部分。   ( )

2. 条码符号作为一种识别手段只可以单独使用。   ( )

3. 条码识读系统是一门集编码、印刷、识别、数据采集和处理于一身的新兴技术。   ( )

4. 条码技术是实现快速、准确且可靠地采集数据的有效手段。   ( )

5. EAN—13 条码与 EAN—128 条码都属于不携带信息的标识码。   ( )

四、简答题

1. 条码具有怎样的结构?

2. 和其他识别技术相比较,条码识别技术具有哪些特点?

3. 条码编码的原则和方法分别有哪些?

4. 二维条码除具有一维条码的优点外,还具有哪些特点?

5. 条码识读的基本原理是什么?

参考答案

一、单选题

1	2	3	4	5
A	B	D	C	A

二、多选题

1	2	3	4	5
AC	ABD	ABCD	BC	CD

三、判断题

1	2	3	4	5
×	×	√	√	×

四、简答题

1. 条码具有怎样的结构？

条码符号包含机读符号和人读符号两部分。其中，机读符号由两侧空白区(也称作静区)、起始字符、数据字符、校验字符(可选)和终止字符组成。

2. 和其他识别技术相比较,条码识别技术具有哪些特点？

①准确度高。

②输入速度快。

③灵活性高。

④易于制作。

⑤经济性好。

⑥自由度大。

3. 条码编码的原则和方法分别有哪些？

(1)原则有下列3条：

①唯一性原则。

②无含义性原则。

③稳定性原则。

(2)方法有下列2种：

①宽度调节编码法。

②模块组配编码法。

4. 二维条码除具有一维条码的优点外,还具有哪些特点？

①信息容量大。

②译码可靠性高。

③纠错能力强。

④容易制作且成本低。

⑤保密、防伪性能好。

5. 条码识读的基本原理是什么？

由光源发出的光线经过光学系统照射到条码符号上面会产生反射光,它经过光学系统成像在光电转换器上,使之产生电信号。信号经过电路放大后可产生一模拟电压,它与反射光成正比,再经过滤波、整形形成与模拟信号对应的方波信号,最后经译码器转换为计算机可以直接接受的数字信号。

任务 3
认识无线射频识别(RFID)
技术与电子代码(EPC)技术

教学要求

1. 认识无线射频识别技术的特点；

2. 理解无线射频识别技术的组成；

3. 清楚无线射频识别技术的分类；

4. 陈述无线射频识别技术的实现过程；

5. 分析无线射频识别技术的效益；

6. 体验无线射频识别技术的应用；

7. 展望无线射频识别技术的前景。

学时建议

知识性学习:6 课时

案例学习讨论:2 课时

现场观察学习:6 课时(业余自主学习)

【导学语】

天哪！我的集装箱在哪里？我的卡车装箱完毕了吗？集装箱里到底装了些什么？

眼花缭乱的货场

卷首案例

来看看这个集装箱码头！如此之多的集装箱来自哪里？去向何方？箱内货物如何清点？……码头集装箱管理着实令人头疼。

存在的问题：集装箱卡车只能通过少数几个限定的通道和监测区域。使用龙门吊或起重机装卸集装箱时，因设备操作员距离集装箱较远，为准确找到指定的集装箱，通常需要使用望远镜寻找并查看集装箱信息。即便如此，也会经常出现集装箱错装、错卸和错发等情况，使得码头集装箱管理工作效率十分低下。

客户需求：希望能准确追踪装载集装箱的卡车；知道每一辆卡车或集装箱的当前位置，如正在通过哪个门，或者在哪个监测区域，港口的起重机和龙门吊正在装卸哪个卡车上的哪个集装箱等。

解决办法：应用 RFID 技术。

实施方案：将 RFID 标签分别安装在卡车的保险杠背面和集装箱上，RFID 的读写设备分别安装在码头出入口、起重机和龙门吊上。这样，每个出入口检查站的图像自动识别技术可读取到集装箱箱号和卡车号，以准确地识别每一辆通过的集装箱卡车；而每辆集装箱卡车进入码头工作区后，都可以通过这套系统得到准确详细的行车路线图。集装箱装卸过程中，数据库能准确判断出每一个集装箱应该放到哪辆卡车上或应该卸放在堆场的哪一个位置。如果在集装箱内的每一货件上粘贴 RFID 标签，那么当集装箱通过读写设备时，在一瞬间就可以自动完成点货的工作！

实施效果：集装箱装卸流程可视化，码头集装箱装卸速度和管理效率大大提高。

那么，RFID 是怎样工作的呢？学完任务后，你就会对 RFID 有一个全面的认识，就能感受到 RFID 技术为我们的生活和工作所带来的不可忽视的改变。

【学一学】

3.1 RFID 技术概述

3.1.1 RFID 技术的概念及发展历史

1）RFID 技术的概念

射频识别（RFID，Radio Frequency Identification）技术是 20 世纪 80 年代兴起、90 年代后期进入实用阶段的一种新型、非接触式自动识别技术。它利用能接收或发射无线电波的电子标签存储信息，并利用无线电波实现标签与识读器之间的非接触双向通信来获取相关数据，实现信息识别和资料交换。

射频识读的距离为十厘米至几十米，且完成识别工作时无须人工干预。因此，它具有包括条码技术在内的多种自动识别技术不可比拟的优势。RFID 技术最大的优点是具有非接触式识读能力，可以工作在各种恶劣环境中，可靠性高，使用寿命长。同时，其标签可以轻松嵌入或附着在不同形状、类型的产品上，可实现标签信息存取或动态改变并有密码保护，且允许同时处理多个标签，操作非常方便快捷。由于 RFID 技术可以识别高速运动的目标，因此常用于运载工具、物料跟踪、货架识别等信息内容频繁改变的场合。

看看下面的远距离考勤系统（图 3.1），你会不会感觉其十分方便？

2）RFID 技术的发展历史

追溯历史，我国早在公元前就发现并开始利用天然磁石，并用磁石制成了指南车。到了近代，越来越多的人对电、磁、光进行了深入的观察和探讨。1896 年，成功实现横越大西洋的越洋电报，开创了人类利用电磁能量为自己服务的先河。1922 年，雷达诞生。作为一种识别敌方空间飞行物的有效方法，雷达在第二次世界大战中发挥了重要的作用。RFID 直接继承了雷达的概念，并由此发展成为一种更具生命力的技术。1948 年，哈里·斯托克曼发表的"利用反射功率的通讯"奠定

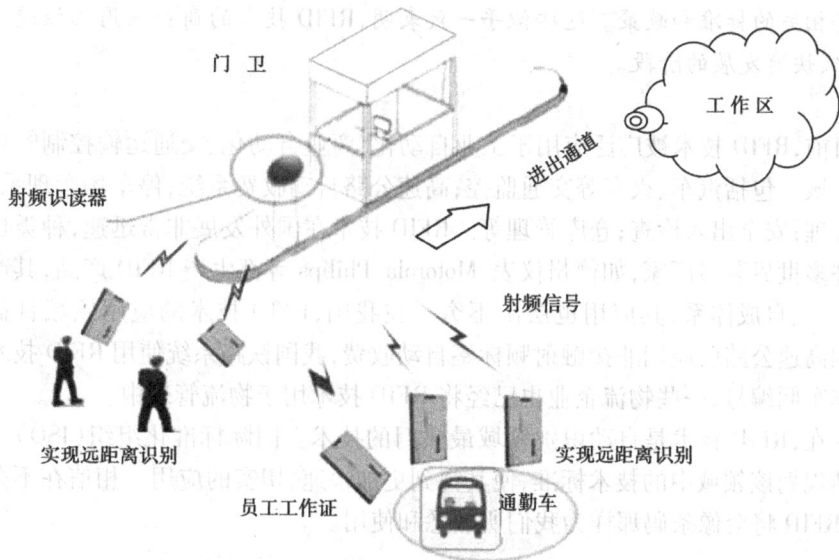

图 3.1　远距离考勤系统

了射频识别 RFID 的理论基础。

RFID 技术的发展历程大致可划分为以下阶段:20 世纪 50 年代开始了早期 RFID 技术的探索。接下来的 20 年里,它主要处于实验研究阶段,也是 RFID 技术的理论和实验室应用的发展阶段。20 世纪 70 年代至 90 年代末,RFID 技术的研发进一步发展,各种 RFID 产品进入商业应用阶段,RFID 技术标准化问题日趋得到重视,其产品也开始被广泛采用。进入 21 世纪,RFID 技术的理论得到了丰富和完善,产品种类更加丰富,电子标签成本不断降低,行业规模应用进一步扩大,适应远距离识别高速移动物体的 RFID 正在成为现实。

小案例

沃尔玛的商品要求

2003 年 11 月,全球最大的连锁超市集团——美国沃尔玛公司宣布了一项重大决策,要求其 100 家最大的供货商于 2005 年 1 月开始在供应的货物包装上必须使用 RFID 标签,并逐渐扩大到单件商品。如果供货商在 2008 年还达不到这一要求,即可能失去为沃尔玛供货的资格。此举被认为是 RFID 在商业物流中的应用即将普及甚至取代条形码技术主流地位的一个征兆。此外,IBM、Intel 及 Microsoft 等业界巨头也纷纷宣布发展 RFID 技术,国际上的许多相关组织机构以及各国政府也积极制定相关的标准和政策。这些似乎一致表明,RFID 技术的商业应用已经进入了实用化、快速发展的阶段。

目前,RFID 技术被广泛应用于工业自动化、商业自动化、交通运输控制管理等众多领域。包括汽车、火车等交通监控;高速公路自动收费系统;停车场管理系统;物品管理;安全出入检查;仓库管理等。RFID 技术在国外发展非常迅速,种类也很多。许多世界著名厂家,如德州仪表、Motorola、Philips 等都生产 RFID 产品,其产品各有特点、自成体系,其应用也层出不穷。在我国,RFID 技术的应用领域日益增多。如高速公路已应用非接触射频标签自动收费,我国铁路系统使用 RFID 技术记录货车车厢编号,一些物流企业也已经将 RFID 技术用于物流管理中。

现在,RFID 技术是自动识别领域最热门的技术。国际标准化组织(ISO)正着手总结规划该领域中的技术标准,使其得到更加快速、切实的应用。相信在不久的将来,RFID 将会像条码那样为我们所熟悉和使用。

3.1.2　RFID 系统的组成与分类

1)RFID 系统的组成

射频识别系统一般由射频标签和信号接收机两大部分构成,如图 3.2 所示。

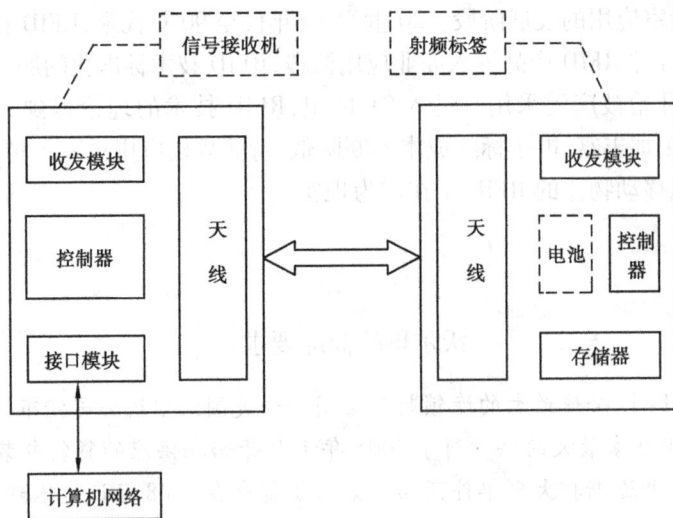

图 3.2　射频识别系统的组成

（1）射频标签

射频标签又称信号发射机。标签相当于条形码技术中的条码符号,用来储存需要识别传输的信息。但与条形码不同的是,标签必须能够自动或在外力的作用下将存储的信息主动发射出去。标签一般是带有天线、控制器、编码发生器、时钟及存储器的低电集成电路,其结构和功能如图3.3所示。

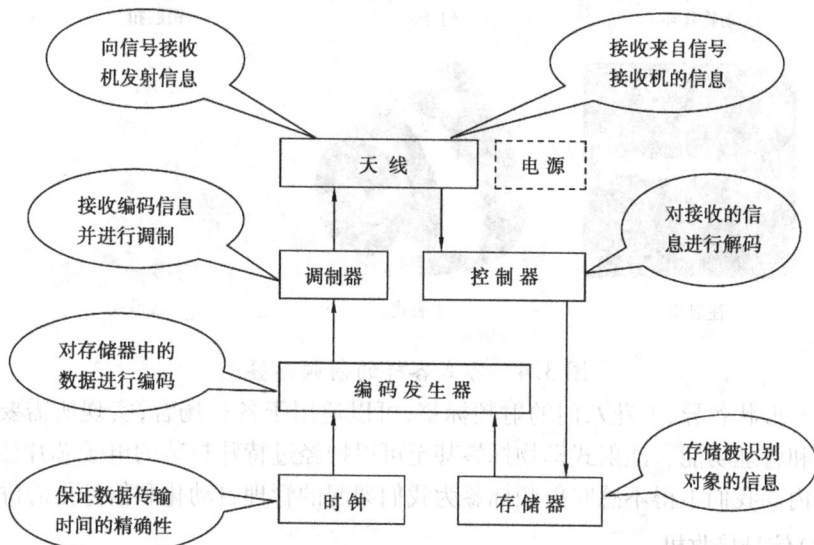

图3.3 射频标签的结构及功能

小链接

RFID标签的分类

主动式标签:标签内部自带电池进行供电,可主动发送数据给读写器。其信号传送距离较远,但体积也较大,成本更高,使用寿命有限,且不适合在恶劣环境下工作。随着电池电力的消耗,传输距离会越来越小从而影响系统正常工作。

被动式标签:从阅读器发射的电磁波中获得能量才能正常工作。它具有永久的使用期,常常用于标签信息需要频繁读写的场合。但其数据传输距离较小,且电能较弱,需要敏感性较高的阅读器才能可靠识读。

另外,还可按照标签的工作频率、读写方式、作用距离等进行分类。

下面,我们来看看各式各样的射频标签(图3.4)。

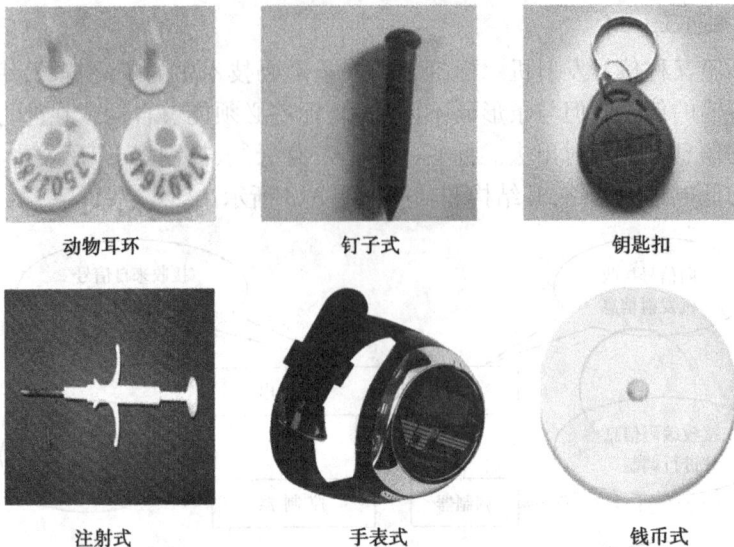

动物耳环　　　　　　　钉子式　　　　　　　钥匙扣

注射式　　　　　　　手表式　　　　　　　钱币式

图 3.4　各式各样的射频标签

这些形状各异、五花八门的射频标签,可以适用于各种场合,实现所需要的信息追踪和管理功能。注射式动物标签甚至可以把经过特殊封装的电子芯片注射到动物体内。我们不得不感叹射频标签为我们架起的管理自动化和信息化的桥梁。

(2)信号接收机

信号接收机又称读写器。它的基本功能就是与射频标签及计算机进行通信,读取标签信息或将信息写入标签,然后通过计算机及网络系统进行管理和信息传输。此外,信号接收机还提供较复杂的信号状态控制(比如正确区分各个标签并对多个标签进行查询)、错误校验与提示等功能。图 3.5 所示即为常见的读写器。

(3)射频识别系统

射频识别系统如图 3.6 所示。

2)RFID 系统的分类

根据射频系统完成的不同功能,可将 RFID 系统大致划分为 EAS 系统、便携式数据采集系统、网络控制系统和定位系统四类。

(1)EAS 系统

电子物品监视(EAS,Electronic Article Surveillance)技术是一种设置在物品出入口的 RFID 技术。其典型应用场合是图书馆、各类商店和数据中心等地方,如图3.7 所示。当未被授权的人从这些地方擅自取走物品时,EAS 系统会自动发出警

图3.5 各式各样的射频信号接收机(读写器)

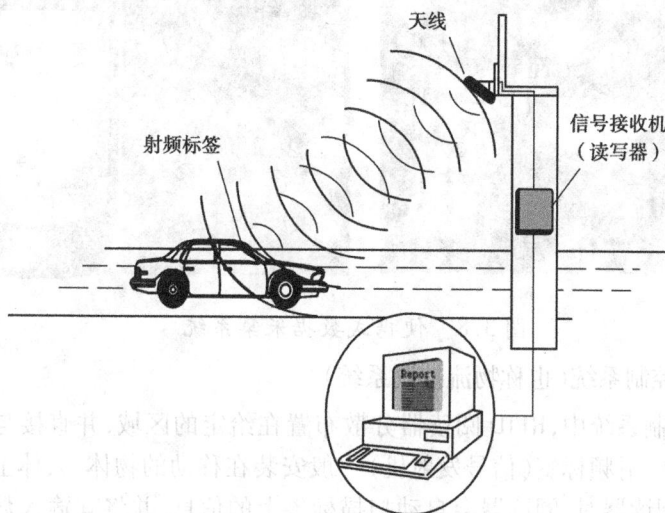

图3.6 射频识别系统

告。这样,物品不必再锁在玻璃橱柜里,顾客可以自由地观看、拣选,这在"自选商场"日益流行的今天起着非常重要的管理作用。

(2)便携式数据采集系统

便携式数据采集系统使用带有 RFID 阅读器的手持式数据采集器来采集 RFID 标签上的数据信息。这种系统具有较大的灵活性,适用于不宜安装固定式 RFID 系统的应用环境,见图3.8。手持式阅读器作为数据输入终端,可以在读取数据的同

图 3.7　日益普及的 EAS 系统

时通过无线电波数据传输方式实时向主计算机系统传输数据,也可以将数据暂时存储在阅读器中,再分批向主计算机系统传输数据。

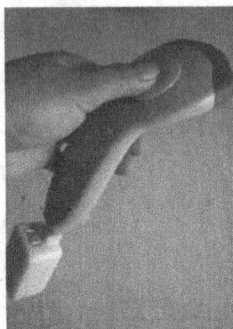

图 3.8　便携式数据采集系统

(3)网络控制系统(也称物流控制系统)

在网络控制系统中,RFID 阅读器分散布置在给定的区域,并直接与数据管理信息系统相连。射频标签(信号发射机)一般安装在移动的物体、人体上面。当物体、人体经过阅读器时,阅读器会自动扫描标签上的信息,并将其输入数据管理信息系统存储、分析和处理,从而达到控制物流的目的。比如,将储存着物品相关信息的射频电子标签贴在托盘(或叉车)上,阅读器则安置在仓库的进出口处。每当物品出、入库时,阅读器会自动识别电子标签上的物品信息,并将信息输入与之相连的管理系统中进行相应的处理,便可有效实现物流自动化仓库的出入库动态管理。

小贴士

你知道吗?德国宝马汽车公司在其装配流水线上配有 RFID 系统,并使用可重复使用的射频标签。该射频标签带有详细的装配汽车的所有要求,在每个工作点处都装有读写器,这样可以保证在流水线各个位置都能毫不出错地完成装配任务。

(4)定位系统

RFID定位系统用于自动化加工系统中的定位,以及对车辆、轮船等进行定位支持。在这种定位系统中,射频标签(信号发射机)中储存有位置识别信息,可嵌入到操作环境的地表下面。阅读器则放置在移动的车辆、轮船或自动化流水线中移动的物料、半成品和成品上,并通过无线或有线方式连接到主信息管理系统。

3) RFID技术的特点

作为新一代自动识别技术,RFID技术有如下特点:

①信息容量大。RFID能容纳上百亿的字符(一维EAN/UCC条码的容量不超过几十个字符,二维PDF417码也最多只能存储2 000多个数字),可以实现对产品的详细描述。

②可重复使用,使用寿命长,最高可达10年以上,并且能在恶劣环境下工作。

③穿透性强(甚至可以透过外部材料读取数据),读取距离远,且能无屏障阅读。

④标签内容可以动态改变且数据存取有密码保护,安全性高。

⑤能够同时处理多个标签(可多达200个以上)。

⑥可实现物体追踪定位。

小链接

三种自动识别技术的对比

名称	信息量	读/写性	非接触性阅读	保密性	智能化	抗干扰能力	成本	寿命
条码技术	小	只读	近距离	差	无	差	最低	较短
磁卡技术	一般	读/写	不能	一般	无	较差	低	短
RFID技术	大	读/写	可达几十米	最好	有	很好	较高	最长

3.2　RFID技术在物流领域的应用

随着RFID技术的不断成熟和成本的不断降低,RFID的应用领域在逐渐扩宽,已从商业、零售业、安全管理、移动跟踪逐步延伸到供应链管理、物流运营、国防、医疗医药等领域。市场调研公司(Allied Business World)报告显示,2002 年全球 RFID 市场规模是 11 亿美元,2005 年全球 RFID 市场规模是 30 亿美元,2010 年将达到 70 亿美元,其市场规模平均增长率为 26%。相信在不久的将来,RFID 技术会在物流业务中得到普遍应用。

在供应链管理中,RFID 标签用于跟踪产品,即从原材料供货到仓库储存以及最终销售的全过程。在这一过程中,它能针对用户订单进行跟踪管理,建立中央数据库,记录产品的移动。制造商、零售商以及最终用户都可以利用这个中央数据库来获取产品的实时位置、交付确认以及产品损坏情况等信息。在供应链的各个环节中,RFID 技术可以通过增加信息传输的速度和准确度来节省供应链管理成本。经统计,RFID 技术的应用对供应链各领域实现的成本节省可归纳为图 3.9。

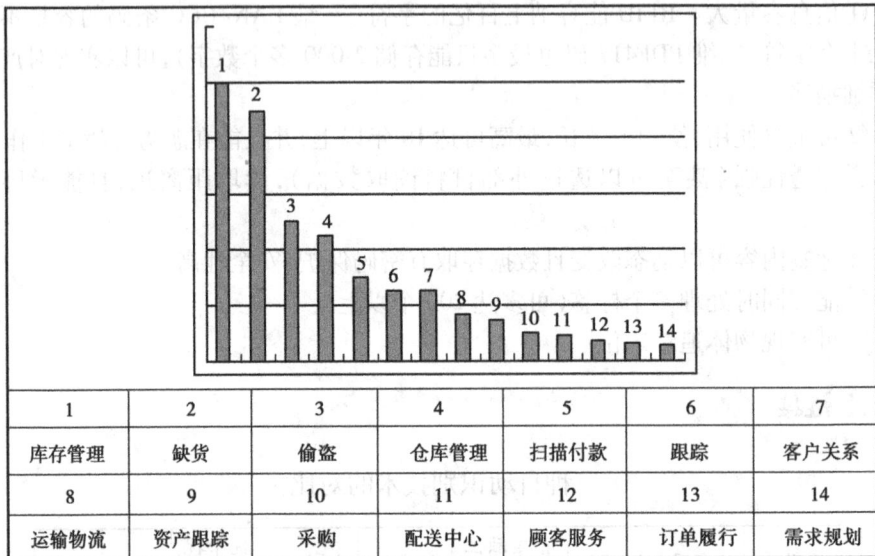

1	2	3	4	5	6	7
库存管理	缺货	偷盗	仓库管理	扫描付款	跟踪	客户关系
8	9	10	11	12	13	14
运输物流	资产跟踪	采购	配送中心	顾客服务	订单履行	需求规划

图 3.9　供应链中 RFID 节省成本的领域排序

小链接

2004 年,中国标准化协会和"物联网"应用标准化工作组做了一个调查,其结果显示:截至 2009 年,中国每年至少需要 30 亿个 RFID 标签,其中电子消费品将需要 8 300 万个标签,香烟产品将需要 8 亿个标签,酒类产品将需要 1.3 亿,信息电子产品需要 13 亿~14 亿。值得注意的是,以上这些数字仅仅涉及商业流通领域的部分产品。如果再考虑其他领域,例如现代服务业、制造业、邮政、医药卫生、军事等领域,数字将更加惊人。

3.2.1　RFID 技术在仓储物流中的应用

仓储是物流过程不可缺少的环节,对整个物流系统的运作发挥着举足轻重的作用。仓储是生产流程中原材料、半成品、成品的缓冲区,也是供应链上各合作伙伴协同工作的纽带。现代化、智能化的仓储管理是高效率、低成本物流服务的基本保障。

传统仓储管理以计算机为核心,大部分采用条码技术作为仓储管理智能化的方式。随着现代化仓库不断向大型化、智能化方向发展,仓库管理日趋复杂。条码技术由于受本身信息量、读取方式等方面的限制,在仓库工作量成倍增长、商品信息要求更加准确的今天,其不适应性逐渐凸现。而基于 RFID 技术的仓储管理模式,则显得更加灵活、高效和精确。

我们来想象这样的仓库运作模式:

1) 货物出库

首先假设产品上带有 RFID 标签。货物出库时,设置在出货口的 RFID 阅读器发出的射频无线电波射向电子标签。标签被"唤醒",开始与阅读器进行数据通信。电子标签中的信息,如生产厂家、货品名称、数量、批号、发/收货地址等,便经由阅读器解码和校对后输入计算机。通过这种方式,商品的全部信息即可被计算机完整而准确地操作和记录下来。

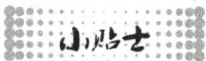

小贴士

如果使用远距离射频识别系统,可在货物仓库的库区内设置一定数量的信号发射和接收装置,从而使整个库区被覆盖在一个完整的控制网络之下。只要货物不离开库区,不论在库区内的哪个区域移动,其位置、出/入库时间等均在计算机的严密监控之下。

2) 入库作业

现在将 RFID 阅读器设置在卸货区。货物一旦到达卸货区,与之同行的电子标签就已经将所有信息丝毫不差地输入到与阅读器相连计算机中。因此,不必开包验货便可以直接入库。与相应的采购单核对无误后,这批货物即可上货架存放了。

小贴士

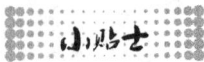

如果在零售商店的零售货架上安装集成式阅读器,当商品上架时,货架即能自动识别新添的"成员"。相反,若顾客选购并拿走一定数量的商品,该货架就会自动发出补货信息。当顾客推着选中的商品出门时,装在门上的阅读器就已经辨认了购物车里的货物,顾客只要刷卡付款即可,而不必长时间排队等候交款。

你知道吗?零售商店这种使用 RFID 技术的"聪明"货架还可以有效防盗呢!尤其是对于体积小、重量轻又比较贵重的商品。你想一想,它是怎样防盗的呢?

从商品在整个供应链上的流动来看,操作最为频繁的就是出入库作业。RFID 技术在这个过程中的应用能有效缩短出入库作业时间、改善盘点作业质量、增大物流中心的吞吐量、加强物品跟踪管理、更加及时准确地捕获并传输数据信息,能在有效提高管理效率的同时大大降低劳动强度,具有很高的推广价值。

3.2.2　RFID 技术在高速公路自动收费系统中的应用

智能交通系统(ITS, Intelligent Transportation System)是 21 世纪现代交通运输体系的发展方向,其中一个重要的组成部分——高速公路自动收费系统就是 RFID 技术最成功的应用之一。目前,我国高速公路建设正处于大规模发展阶段,但传统的人工现金收费或 IC 卡、磁卡收费方式存在以下两个主要问题。

①收费站成为交通"瓶颈"。由于车辆需要在收费站口停车排队交费,效率低下,在交通高峰时期极易造成交通拥堵。

②收费管理困难。可能出现少数不法收费员利用职务之便贪污路费,给国家造成财政收入损失。

而将 RFID 技术应用于高速公路的自动收费系统,可充分发挥它非接触识别的优势,使车辆在高速通过收费站的同时自动完成收费。

在使用 RFID 技术的高速公路自动收费系统中,多车道的收费口可分为自动收费口和人工收费口两部分。由于车辆的行驶速度快,因而需要有很高的读写速度。射频标签一般安装在车辆的挡风玻璃后面,其中存储着车辆车牌号、车型、所属用户及银行专用账户等信息。射频阅读器和射频天线则架设在道路上方距离收费口 $50 \sim 100$ m 处。当车辆经过天线覆盖范围时,车上的射频标签信号被道路上方的天线接收,然后根据对射频标签的识别结果,通过读写器指示灯指示车辆进入不同的车道。进入自动收费口的车辆,其通行费用通过计算机网络自动从用户在银行开设的专用账户中扣除,并利用指示灯及蜂鸣器告诉驾驶员收费是否完成。完成缴费的车辆即可不停车,而挡车器将拦下恶意闯入的车辆。人工收费口仍然维持现有收费方式。车道实时控制收费系统工作过程如图3.10。

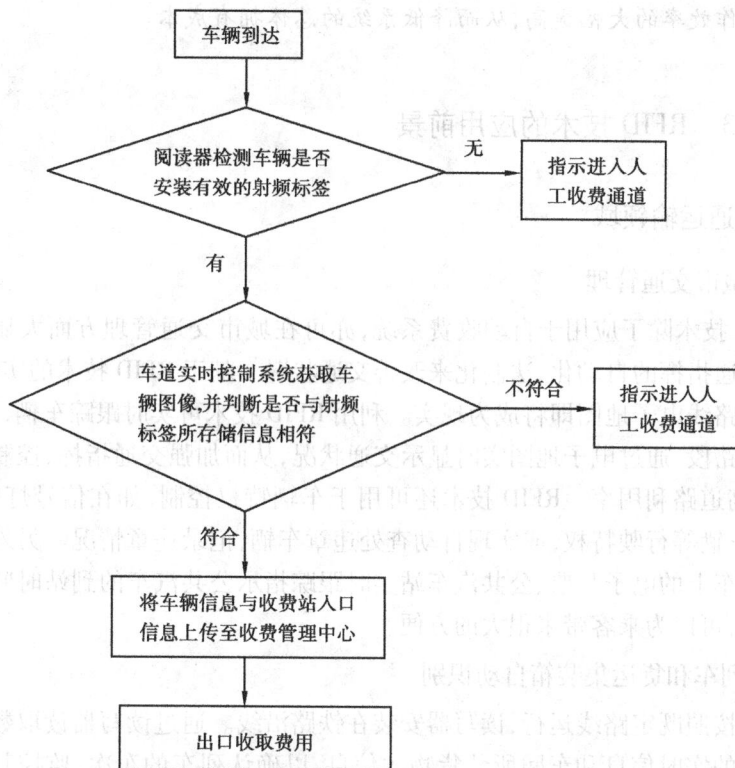

```
          ┌──────────┐
          │ 车辆到达 │
          └──────────┘
               │
               ▼
        ╱─────────────╲
       ╱ 阅读器检测车辆是否 ╲      无      ┌──────────┐
      ╱  安装有效的射频标签  ╲─────────▶│ 指示进入人 │
       ╲                   ╱          │ 工收费通道 │
        ╲─────────────╱            └──────────┘
               │ 有
               ▼
        ╱─────────────╲
       ╱ 车道实时控制系统获取车 ╲    不符合    ┌──────────┐
      ╱  辆图像,并判断是否与射频 ╲─────────▶│ 指示进入人 │
       ╲ 标签所存储信息相符   ╱          │ 工收费通道 │
        ╲─────────────╱            └──────────┘
               │ 符合
               ▼
        ┌────────────────┐
        │ 将车辆信息与收费站入口 │
        │ 信息上传至收费管理中心 │
        └────────────────┘
               │
               ▼
        ┌──────────┐
        │ 出口收取费用 │
        └──────────┘
```

图 3.10   车道实时控制收费系统工作流程

据测试统计,如使用 RFID 系统,车辆可以在 0.5 ms 的时间内被识别,正确率高达 99.95% ;车辆通过自动收费站口的速度可保持在 40 km/h,与停车交费相比,可节省时间 30% ~ 70% 。而且在应用 RFID 技术的不停车自动收费系统中,由数据库自动生成收费记录文件,其数据经过加密处理,收费管理人员不能修改或添加记录。这样,在管理中心与银行网络系统之间基于加密通信协议进行信息传递,可确保数据安全,从而很好地解决了人工收费方式存在的管理弊端。

▓▓ 小链接 ▓▓

RFID 标签成本是其商业应用能否取得成功的关键。RFID 标签成本主要由 IC 芯片、天线和封装等成本构成。随着集成电路技术的进步和应用规模扩大,RFID 标签的成本将不断降低。根据 Auto—ID 中心的预测,在大规模生产的情况下,RFID 标签生产成本将由现在的几十美分最低降到 5 美分。此外,RFID 读写器的成本也是影响 RFID 应用的因素之一。由于 RFID 系统拥有巨大的技术优势,由此将带来工作效率的大幅提高,从而降低系统的总体拥有成本。

3.2.3 RFID 技术的应用前景

1)交通运输领域

(1)城市交通管理

RFID 技术除了应用于自动收费系统,亦可在城市交通管理方面大显身手,通过促进交通指挥的自动化、法制化来改善交通状况。基于 RFID 技术的实时交通督导和最佳路线电子地图即将成为现实。利用 RFID 技术可实时跟踪车辆,指挥车辆绕开堵塞路段,通过电子地图实时显示交通状况,从而加强交通指挥、控制和疏导,均衡、提高道路利用率。RFID 技术还可用于车辆特权控制,如在信号灯处给予警车、应急车辆等行驶特权,或实现自动查处违章车辆,记录违章情况。另外,它还可用于公交车上的电子月票、公共汽车站实时跟踪指示公共汽车的到站时间、显示乘客信息等,可以为乘客带来很大的方便。

(2)列车和货运集装箱自动识别

列车按照既定路线运行,读写器安装在铁路沿线。通过读写器读取数据,即能得到列车的实时信息和车厢所装货物的信息,以确认列车的车次,监控其完整性。瑞士国家铁路局在瑞士的全部旅客列车上都安装了 RFID 自动识别系统,调度员可以实时掌控火车运行情况,大大减少了发生事故的可能性。如果将记录有集装箱箱号、货物品类等信息的标签安装在集装箱上,通过射频标签的识别,就可以确定集装箱的确切位置,以及识别未被允许的集装箱移动,便于加强管理和保障安全。

2)安全防护领域

(1)门禁保安

电子标签可以方便、安全地应用于门禁保安、出入口安全检查、考勤及公司财产监控等方面。由于系统可以同时识别多个电子标签,因此消灭了上班前排队打卡的现象。对于安全级别要求高的地方,还可以结合指纹、掌纹等其他的识别方式。1996 年第 26 届夏季奥林匹克运动会的安全机构就采用了这种保安系统。

(2)汽车防盗

由于已经开发了小到能够封装到汽车钥匙当中的电子标签,使电子标签可方便地应用于汽车防盗中。当钥匙插入到点火器中时,汽车上的读写器能够辨别钥匙的身份。如果读写器接收不到电子标签发送来的特定信号,中央计算机将关闭汽车引擎。用这种电子验证的方法就能容易地防止目前常见的盗车行为。丰田汽车、福特汽车、三菱汽车和韩国现代的大部分车型已将电子标签用于防盗。如在汽车的关键部件中使用电子标签,并在电子标签中存入汽车的生产商、销售商、用户等信息,当汽车被盗时即可跟踪破案。

（3）防伪

我国现行防伪技术采用的是视觉防伪和电码防伪等手段,但在流通领域的假冒产品年平均产值仍然高达1 300亿元,国家因此年平均损失税收250多亿元。其中,仅香烟造假一项,给国家造成的损失就高达几百亿元。电子标签由于有使用方便性和无法仿冒性,是目前产品防伪的最佳选择。电子标签将商品条码及其相关信息转换为每件商品都不同的"指纹数码",并将其印刷在商品表面,同时由制造商通过"数字签名"加密写入粘贴在商品上的电子标签内。电子标签内的"指纹数码"密文可经专业非接触式读写器还原读出,再与印制在商品上的"指纹数码"明文对照是否一致,即可判别该商品真伪。RFID目前主要应用于各类电子票证、身份证明、特殊商品防伪等。2004年,我国在国内部分地区陆续启用了第二代身份证,新一代身份证中就采用了13.56 MHz的射频识别技术。

（4）畜牧业

在牛羊等牲畜身上植入电子标签可以杜绝不良生物制品进入市场,也可以将牲畜的实时信息自动存储到电脑中,可以非常方便地了解牲畜个体的生长和健康情况,实现自动化养殖和管理。还可以将电子标签植入宠物中,以方便识别无证宠物、认领宠物等。

3）管理自动化领域

（1）金融收费无纸化

金融射频卡较其他收费方式更能适用于不同的环境。对于磁卡、IC卡不能适用的恶劣环境,它更具有其独特的使用方便性。由于电子标签上的存储单元能够分区,且每个分区可以采用不同的加密体制,一个电子标签就可同时应用于不同部门的收费系统,甚至可同时作为医疗保险卡、通行证、驾驶执照、护照等使用。一卡多用符合未来的发展潮流,上海市的公交一卡通已经可以在地铁、轻轨、出租车、轮渡、公交车上使用。

（2）邮政包裹管理

采用电子标签识别自动分发可以降低综合成本、提高效率、减少差错率,还可以进行物品跟踪管理。

（3）流水线生产自动化

电子标签在生产流水线上可实现自动控制、监视，能提高生产率，改进生产方式，大大降低成本。德国宝马汽车公司在装配流水线上应用电子标签生产用户定制的汽车。Motorola 等集成电路制造商采用了电子标签自动识别工序控制系统，这避免了生产上每次失误带来的巨大经济损失，也符合半导体对生产环境的超净要求。

（4）仓储管理

安装在工厂、配送中心、仓库及商场货架上的阅读器能够自动记录物品从生产线到最终消费者的整个过程的全部流动信息。它能实现智能化仓储管理，高效完成与货物流动有关的绝大部分信息处理，极大地加快了货物处理速度，加强了对货物的监控。在海尔集团的零部件立体仓库管理系统中，所有零部件的出入库信息都可由安装在货物托盘上的射频标签和安装在搬运设备上的射频阅读器同步传送到海尔物流的计算机管理系统中。

RFID 技术的应用层出不穷，在医疗业的应用也非常广泛。如血袋管理、病历管理、贵重仪器追踪、废弃物品追踪、紧急救护追踪、病患识别、手术房管理等，几乎各个环节都能应用 RFID 技术。德国汉莎航空公司将非接触的射频识别系统应用于飞机票，改变了传统的机票购销方式，简化了机场入关手续；澳大利亚也将 RFID 产品用于机场旅客行李管理中，等等。随着电子标签技术在我国快速普及，一定会出现更多的应用领域，其本身的技术优势使它具有更广的应用前景及巨大的市场潜能。

小链接

RFID 技术在国防军事领域的应用也正在逐步展开。美国和北大西洋公约组织（NATO）在波斯尼亚的联合作战行动中，不仅建成了战争史上最复杂的通信网络，还完善了识别跟踪军用物资的新型物流系统。这正是吸取了"沙漠风暴"军事行动中大量物资无法跟踪造成重复运输的惨痛教训而作的改进。无论物资是在订购之中或运输途中，还是在某个仓库存储，各级指挥人员都可以通过该系统实时掌握所有信息。该系统中运输部分的功能就是依靠装在集装箱和装备上的射频识别标签实现的。射频阅读器通常安装在运输线的一些检查点上（如门柱上、桥墩旁等），或者安装在仓库、车站、码头、机场等关键地点。阅读器接收到射频标签信息后，连通接收地的位置信息上传至通信卫星，再由卫星传送给运输调度中心，送入中心信息数据库中。

3.3　EPC 技 术

EPC(Electronic Product Code)即产品电子代码,是基于 RFID 与 Internet 的新型物流信息管理技术。它给每一个实体对象(包括零售商品、物流单元、集装箱、货运包装等)分配一个全球唯一的代码,以此为基础构建一个可以自动识别任何位置、任何事物的开放性全球物品信息实时共享网络——实物互联网(简称"物联网",An Internet of Things)。

物联网的心脏是产品电子码(EPC)。跟条码一样,产品电子码用一串数字代表产品制造商和产品类别。不同的是,EPC 还外加了第三组数字,以标识每一件单品。存储在 EPC 标签微型晶片中的唯一资讯就是这些数字。EPC 还可以与数据库里的大量数据相联系,包括产品的生产日期、有效日期、运输目的地等。而且随着产品的转移或变化,这些数据可以进行实时更新。EPC 除了具有全球标准代码能辨识物体的功能外,还可以通过电子产品代码网络提供关于产品的附加信息,例如产地、产品历史等,这些数据对于在供给链中进行特定产品的历史追踪具有关键性作用。这些数据被储存在网络上,进入该数据系统,就像进入互联网一样轻松。

EPC 是条码技术的延伸与拓展,被视为继条码后的第二代货品识别技术。它是条码技术的有益补充,也是全球统一标识系统的重要组成部分。EPC 技术的意义不仅仅在于打破目前存在的部分地方货物积压而部分地方货物短缺等物品信息不对称的瓶颈,更将对全球经济一体化运作和发展起到至关重要的作用,使世界范围内的物品调配更科学合理,运转更快速顺畅。因为 EPC 网络实现了供应链中贸易信息的真实可见性,其组织运作更具效率。确切地说,通过高效的、由顾客驱动的运作,供应链中诸如贸易的位置、数目等即时信息会保证对顾客需求作出更灵敏的反应。它代表的不只是一种先进的技术或一种先进的产品,更是一场席卷全球产业界的革命,会给全人类带来一种全新的商业模式和理念,从而为人们的工作和生活提供优质服务。EPC 能够进一步提高物流供应链管理水平、降低物流成本,这是物品追踪、供应链管理、物流现代化的关键之一。

3.3.1　EPC 技术的产生与发展

在 EPC 出现之前的物流业中,我们依靠条码技术来识别商品。条码作为一种最常见的自动识别技术,已经在全世界得到了广泛的应用。但是传统的条码技术仍然存在一些无法克服的缺点,比如它只是在某一类产品的运输、仓储、买卖和贸易结算过程中提供标志,它只能识别商品的类别,而不能针对单件产品。然而在现代物流业中,实现对产品的唯一识别并追踪供应链上的每一件单品,尤其对于食品、危险品和贵重物品等商品显得日益重要。为满足这一市场需求,实现对单品的有效跟踪,随着因特网的飞速发展和射频技术趋于成熟,信息数字化和全球商业化促进了更现代化的产品标识和跟踪方案的研发,EPC(产品电子标签)技术应运而生。

EPC 的概念最初由麻省理工学院 Auto—ID 中心在 1999 年提出,并在该中心开展了一系列研究和试验。EPC 从它诞生伊始就成为一项全球性行动,它由麻省理工学院的 Auto—ID 实验室主持了在全球五个最重要大学之间开展的研究,并且得到了世界上 100 多家最主要的公司的赞助,这些公司代表了各行各业的不同需求和利益。2003 年 11 月,由国际物品编码协会(EAN)和统一代码委员会(UCC)成立了全球产品电子代码管理中心,即 EPC global,正式开始了 EPC 在全球的应用推广工作。EPC global 秉承了 EAN/UCC 的传统,代表着世界范围内 100 多个成员组织,这些成员组织拥有遍布于 102 个国家的 100 多万成员。2004 年 4 月,EPC global China 正式成立,负责我国 EPC 的注册、管理与实施工作。

自 1999 年提出 EPC 物联网的构想到 2003 年,短短的几年时间,Auto—ID 中心即完成了 EPC 应用方面三个阶段的示范实验:①货堆试验阶段。2001 年 9 月 28 日,MIT 实验室成功地异地读取了宝洁公司位于密苏里州杰拉杜角的工厂货盘上的 Boundy 纸巾的电子产品码。②货箱试验阶段。2002 年 2 月,美国多家大公司将包装盒上配有 EPC 标签的货物在全美选定的几个配送中心和零售商之间运输,虽然数据传输量大大增加,但系统仍然运行良好。③单个物品试验阶段。2002 年底,Auto—ID 中心将标签加载到单个物品上以测试系统是否具有处理更大数据量的能力,2003 年秋季发布了 EPC 核心标准 1.0。

3.3.2　EPC 技术的特点

1)EPC 系统的组成和工作流程

EPC 系统所形成的物联网是一个基于互联网并且以 EPC 代码为索引、能够查询全球范围内每一件物品信息的网络平台。它主要由三大部分组成:

(1)EPC 编码体系

它能提供实体对象的全球唯一标识,是 EPC 系统的核心和关键。

(2)射频识别系统

射频识别系统由 EPC 射频标签和识读器组成。其中,射频标签是产品电子代码的载体,附着于可跟踪的物品上,在全球范围内流通;而识读器负责读取标签中的 EPC 代码并将其输入网络信息系统。

（3）网络信息系统

网络信息系统由本地网络和全球互联网组成，可实现信息管理和流通功能，以最终实现全球"实物互联"。该系统由 EPC 中间件（Savant 管理软件）、对象名称解析服务（ONS）和 EPC 信息服务（EPC IS）三部分组成。其中，EPC 中间件用于加工和处理来自读写器的所有信息；EPC 信息服务（EPC IS）是企业配置的保存产品信息文件的服务器；对象名称解析服务（ONS）是联系 EPC 中间件和 EPC 信息服务的网络枢纽，它根据 EPC 中间件从射频标签读取的 EPC 代码，反馈存放该代码所对应的物品详细信息的 IP 地址。在这种系统结构中，由读写器读出的 EPC 代码只是一个信息参考指针。通过这个信息指针可找到存放在 Internet 上的 IP 地址并获取存放在该地址中的物品相关信息，产品信息就被传递到供应链上。

2）EPC 系统的特点

通过上述工作流程的描述，我们可以看出 EPC 系统具有独特的结构和技术特点，概括来说有以下几个方面：

（1）开放的结构体系

EPC 系统采用全球最大的公用 Internet 网络系统，从而避免了系统的复杂性，大大降低了系统成本并有利于系统增值。梅特卡夫（Metcalfe）定律表明，一个网络开放的结构体系远比复杂的多重结构更有价值。

（2）独立的平台与高度的互动性

EPC 系统识别的是十分广泛的实体对象，而目前不同地区、不同国家的射频识别技术标准各有不同，也没有一种适用于所有识别对象的技术。因此，EPC 系统必须具有独立的平台和高度的交互操作性。为此，它建立在 Internet 网络系统上，并且可以与 Internet 所有可能的组成部分协同工作。

（3）灵活的可持续发展体系

EPC 系统是一个灵活的、开放的、可持续发展的体系，可在不替换原有体系的情况下做到系统升级。

EPC 系统是一个全球大系统，供应链的各个环节、各个节点、各个方面都可受益。但对低价值的识别对象，如食品、消费品等来说，它们对 EPC 系统引起的附加价格十分敏感。因此，EPC 系统正在考虑通过本身技术的改进来进一步降低成本，同时通过系统的整体改进使供应链管理得到更好的应用，提高效益，以便抵消和降低附加价格。

3)EPC 技术与 RFID 技术的区别与联系

EPC 技术与 RFID 技术既有区别也有联系。从技术上讲,EPC 系统包括物品编码技术、RFID 技术、无线通信技术、软件技术、互联网技术等。而 RFID 技术只是 EPC 系统的一部分,用于 EPC 系统数据存储与读写,是实现系统其他技术的必要条件。而对于 RFID 技术而言,EPC 系统可以被看成是 RFID 技术的应用领域之一。EPC 的应用特点决定了射频标签的价格必须降低到市场可以接受的程度,并且某些标签必须具备一些特殊功能(如保密功能等)。因此,并不是所有的 RFID 标签都适合作 EPC 标签。EPC 标签是应用了 EPC 编码的射频标签,只有符合特写频段的低成本射频标签才能应用到 EPC 系统。

3.3.3　EPC 技术的应用和意义

低价无线射频电子标签(RFID)、产品电子代码(EPC)、互联网三个元素的有效组合,孕育出正在改变世界产品生产和销售管理的网络系统——"物联网"。物联网展示了一种在全球范围内对每个产品进行跟踪的全新理念,它将是一场轰轰烈烈的物流革命,并对人类的生活方式产生深远的影响。

2005 年,全球 EPC 最终用户已达 90 多家,其中美国就有 70 多家。按照 EPC 发展构想,经过 3～5 年的时间,EPC 会应用于生产企业、配送中心、零售商以及运输、仓储等环节。比如,货箱和托盘将在 2005—2007 年在大型零售商使用,而实现产品和地方应用的扩张阶段得等到 2008—2012 年;单品和货架的应用时间则会进一步推迟,大型零售商开始使用的时间在 2007—2009 年,而扩张阶段将在 2010—2014 年。EPC 系统为人们带来的前景是:通过更加快速、准确的发货和收货流程来减少库存、降低分销成本、加快交货,并提高分拣和包装操作的效率。我们可以想象:在医疗保健领域,通过更加准确的跟踪能力,EPC 网络有助于消灭假冒伪劣药品;在政府部门中,EPC 网络能为不同机构提供资产管理平台等。EPC 的应用,将在减少流动资金、降低库存存货、减少最小存货量、减少固定资本需求量、提高固定资产利用率等方面发挥作用,使供应链中各个参与环节大大受益。

对于制造商,实施 EPC 可以实现高效的生产计划,减少库存。也就是说,制造商提供的产品正是其供应链下游参与方所需要的东西,同时,供应链下游参与方所需要的东西正在被制造商积极组织生产,彼此间真正做到了"心有灵犀"。同时,制造商可以对需求作出更快的响应,从而能在市场信息的捕捉方面夺得先机,积极组织生产,满足市场需要,提高市场份额。此外,制造商通过主动跟踪产品的信息,可对有"瑕疵"或"缺陷"的产品进行有效召回,提高了自己的服务水平,同时也提高了消费者的信心。这样,EPC 就为消费者和制造商架起了一座信息交流的桥梁。

因为生产做到了有的放矢,通过供应链的流通和各个环节需求的实时反馈,制造商可以及时调整自己的生产,包括内部员工的调配、生产资料的采购等,使一切都发挥最大效能。当然,制造商还可以大大减少配送与运输成本,提高固定资产(比如生产,配送设备)的利用率,这是因为通过 EPC 的信息可以合理调配相关设备,从而实现利用率的最大化。

对于运输商,实施 EPC 可以进行货物真伪标识,实现自动通关和运输路线追踪,可以提高货物运输的安全性。同时,EPC 的实施,提高了运输商送货可靠性和送货效率,从而改善了服务质量,提高了对客户的服务水平。此外,运输商可以根据 EPC 自动获取数据,实现自动分类处理,降低取货、送货成本,提高质量管理和客户服务水平。另外,运输商使用 EPC 可以降低索赔费用,降低保险费用,提供新信息增值服务,从而提高收益率。

对零售商,实施 EPC 可以提高订单供品率,增加产品可获取性,减少脱销,从而增加收入。EPC 在商场的使用,可以大大提高自动结算的速度、减少缺货、降低库存水平、减少非流通存货量、降低最小安全存货量、便于防盗,能带给零售商前所未有的喜悦。同时,零售商还可以通过 EPC 进行产品追溯,提高了产品的质量保证,减少了自己的损失。另外,EPC 在零售商管理中可以降低运转费用,提高运转效率、工作效率,减少货物损失,从而进一步降低零售商的成本。

对消费者而言,EPC 的应用可以实现个性化购买,减少排队等候的时间,提高了生活质量。同时,消费者通过 EPC 可以了解自己所购买产品及其厂商的有关信息。一旦产品出现问题,消费者便可进行质量追溯,维护自己的合法权益。

可见,EPC 的广泛应用可以提高整个供应链和生产作业的管理水平,在自动仓储库存管理、产品物流跟踪、供应链自动管理、产品装配和生产管理、产品防伪等多个方面起到非常重要的作用,对于企业提高自身竞争力也具有非常重要的意义。

【做一做】

一、经典案例阅读

RFID 在大型零售业中的应用

——沃尔玛的 RFID 计划

作为全球零售业当前的老大,沃尔玛始终致力于追求技术上的创新,并把它作为自己的核心竞争力。早在 20 世纪 60 年代末,沃尔玛就开始使用计算机管理库存;1980 年,开始使用条形码;1983 年斥资 2 400 万美元的巨资购买商业卫星,构建全球通讯网络;1985年着手建立规模庞大的电子数据交换系统;1988年使用无限激光扫描枪;到了90年代,便为其车队装备了卫星定位系统。这一切让沃尔玛的技术水平领先零售同行5~10年。这样,沃尔玛从供应链管理的角度着手,采用现代化的信息技术管理手段,加快了物流速度,提高了物流作业效率,使自己在激烈的竞争当中遥遥领先。

现在,沃尔玛又瞄上一项新技术,即在物流业发展得如火如荼的RFID技术。与条码技术比较起来,RFID有其独特的优势。如条形码必须在近距离才能够读取信息,而且存储量有限,因此大大限制了商品处理的效率和准确性。而RFID技术只需要把商品从阅读器的有效读取距离内推过,就可以实现对其中每件商品的识别,而不必把商品的外包装拆开,从而大大提高了货物的处理效率和准确率。而且,RFID标签资料的大容量可以充分地表达商品的信息,例如厂商、产地、生产日期、送达地点、批次、件号等,甚至是一些诸如质量、保质期等附加信息。虽然近年出现的二维条形码解决了信息存储量不足的问题,但仍然改变不了必须逐件扫描并且借助光源的难题。此外,RFID的封闭包装方式使之可以用于潮湿、多尘等污染比较严重的环境中。

使用RFID技术后,沃尔玛对物流业务流程的管理即可实现以下功能:

①供货商货品入库。沃尔玛的供货商按照配送中心发来的订单分拣好产品后,随即交付运送;在沃尔玛配送中心的接货口,商品通过门口时即由RFID阅读器自动完成盘点并输入沃尔玛的数据库。

②货品出库。商品被直接送上传送带后,配送中心按照各个门店所需要的商品种类与数量进行配货。

③向各个门店配送。在商品装车发往各门店的途中,借助GPS定位系统或者沿途设置的RFID监测点就可以准确了解商品的位置与完备性,从而准确预知运抵时间。

④门店收货。运抵门店后卡车直接开过接货口安装的RFID阅读器后,商品即清点完毕,可直接上架出售或暂时保存在门店仓库中。

⑤门店库存补货管理。门店数据库中的库存信息可随上架的商品及时更新;随着商品减少,装有RFID阅读器的货架会自动提醒店员进行补货;对于顾客改变了购买决策而随意放置的商品,亦可以通过覆盖了整个门店的RFID阅读器非常容易地找到并由店员归位。

⑥顾客选购出货。顾客选购结束后,只需要推车从安装有RFID阅读器的过道中通过,商品的统计即自动完成;一般顾客可以选择现金、信用卡等传统结算方式,使用带有RFID标签结算卡的顾客则可以选择RFID结账,即由系统自动扣除款项,排队付款的烦恼就会大幅减少甚至全部消除。而商品一旦进入到RFID阅读器

覆盖的各个场所,RFID 系统就会自动承担起 EAS(电子商品监控)的功能,从而有效地防止商品失窃现象。

从上述过程我们可以看出,商品从生产完成到零售商再到最终用户,即商品在整个供应链上的分布情况以及商品本身的信息,都完全可以实时、准确地反映在零售商的信息系统中,因而整个供应链和物流管理过程都将变成一个完全透明的体系。目前,沃尔玛供应链上的商品从供货商到配送中心的环节大多是借助第三方物流公司来完成。借助 RFID 技术,沃尔玛甚至可以实现供货商到门店的直接补货方式——门店发出补货订单后,供货商,特别是大供货商按照商品在门店中的陈列,将位置相邻的各种商品打入同一个包装,然后直接发送到门店上架出售。这样就实现了供应链的简约化,省却了中间许多作业环节,使供应链更加快捷、灵活、高效,既保持了低成本,又提升了服务水平。

阅读思考:

1. 分析零售业采用 RFID 技术能产生哪些方面的效益。

2. 沃尔玛之所以给供货商以较长的时间准备应用 RFID 技术,也是考虑了很多因素。你能从成本、标准化、信息安全三方面的影响出发谈谈 RFID 的发展前景吗?

二、实训活动

◎ 内容

RFID 技术的应用调查。

◎ 目的

了解 RFID 技术目前在国内企业的应用情况及发展趋势,尤其是在超市、仓储物流管理中的工作过程,进一步巩固、理解 RFID 的概念、特点、系统组成和优势;体会 RFID 技术与条码技术的异同;提高学生的调查研究、分析问题的能力。

◎ 人员

①实训指导:任课老师。

②实训编组:学生按 8~10 人分成若干组,每组设 1 名组长。

◎ 时间

1 天。

◎ 步骤

①校内组织安全教育;

②联系实训企业相关部门,组织学生集体参观;

③邀请相关业务部主管介绍企业 RFID 的系统组成及应用后带来的效益;

④分组查看企业相关资料,作好记录;

⑤分组现场观察 RFID 的工作过程,作好记录;

⑥撰写实训小结。

◎ 要求

根据具体情况选择应用 RFID 技术有代表性的企业为参观对象,全面了解其物流作业规程,重点参观 RFID 技术的系统组成和工作过程。通过对 RFID 应用情况的分析,感受 RFID 为提高企业工作效率所作的贡献;比较 RFID 与条码技术的区别,体会 RFID 较其他自动识别技术的优势;结合所学,展望 RFID 的应用发展前景。

◎ 注意事项

参观前应对学生进行企业情况介绍,让学生对所参观企业有一定的了解,甚至进行必要的训练。选择企业应尽可能全面,应包括不同水平、不同类型的企业并注重其是否具有代表性,避免以偏概全并注意所收集资料的真实性和时效性。

【议一议】

中国 RFID 技术的发展瓶颈

RFID 技术被公认为 21 世纪最具发展前景和变革力的高新技术。2009 年以来,我国政府对 RFID 产业的发展给予了高度重视,并采取了众多措施:2009 年年初,RFID 被列入了我国的电子信息产业振兴计划;4 月,国家金卡工程 RFID 互操作检测中心宣布成立,以确保不同厂商提供的 RFID 设备、软件及 RFID 应用系统之间的互联互通等。然而近些年来,我国 RFID 市场并没有如预想的那样迅速发展。2009 年 6 月,在第七届中国(北京)RFID 国际峰会上,专家表示,我国 RFID 市场尚处于启动阶段,仍面临着诸多不利因素的困扰。其中,标准、成本和技术一直是公认的阻碍 RFID 发展的三大问题。

1)成本。RFID 技术尽管给消费者生活带来了极大的便利,然而,用户对 RFID 的热情似乎并没有业界期待的那么高。单就成本来说,一套 RFID 系统售价一般都在百万元以上,而大型 RFID 系统售价则要几百万元。在医疗行业领域,虽然 RFID 在医疗业的应用很广泛,但真正有引入意愿的单位却不多。一项调查结果表明,只有 15.6% 的医院导入使用 RFID 技术,而且都是小规模导入,投资比例并不高,比较偏向于试用性质。而相关数据显示,有超过 75% 的国内用户表示,基于目前的经济形势,2009 年会暂缓或减少 RFID 系统的部署;另有超过一半的潜在用户表示,可了解 RFID 的益处但暂时不考虑应用。

2)标准。目前在国内提供 RFID 服务的大部分企业都是国外厂商的代理集成商,这些公司都坚持着自己的标准。虽然这些企业都在极力拉拢用户,并承诺了一系列的配套服务,但目前大部分用户仍感到无所适从。原因在于,我国的标准制定也要经过这些利益集团的博弈才能最后确定。而 RFID 的标签和设备都价格不菲,在标准尚未确立之前,谁也不敢大规模部署某一标准的 RFID 产品体系,以免一旦与标准不符,投资就打了水漂。事实上,由于没有统一的标准,各地的管理部门和 RFID 厂商"各持一套"技术版本,各系统间不能互联互通,让 RFID 使用起来很不方便。

3)技术。①RFID 芯片的国产化程度低,尚未进入大型应用领域。目前,国内市场上应用的 RFID 芯片绝大多数来自国外厂商。尽管上海华虹、复旦微电子等国内芯片企业近年也有所突破,但国产芯片仍然没有进入大型应用领域,致使巨大的利润皆为国外厂商获得。基于安全和利润方面的考虑,国内芯片企业尚待突破性发展。②RFID 中间件研发缺失。RFID 中间件负责实现与 RFID 硬件以及配套设备的信息交互与管理,同时作为一个软硬件集成的桥梁,完成与上层复杂应用的信息交换,其作用堪比人的中枢神经。甚至可以认为,RFID 的核心竞争力就体现在中间件的成熟度上。我国 RFID 企业目前在该领域鲜有布局,通用性的中间件更是企业完全忽略的领域。③目前,RFID 在中国的部署仍然停留在典型地域、行业范围内,属于较低层次的闭环应用,并不能真正发挥 RFID 可随意、随时、随地改变标签内容,远距离非接触识别控制,记录大量信息并加密等开环应用特性。RFID 最大的优势也成了它最大的问题。RFID 涉及社会经济生活的方方面面,一些典型应用在短期内难以形成通用的消费电子产品进行推广,广域、跨行业的开环应用亟待突破。

要求:网上查阅关于 RFID 在中国的应用阻碍。

讨论:

1. RFID 目前在中国的主要应用领域有哪些?

2. 必须从哪些方面突破,我国的 RFID 市场才能够真正起飞?

提示:①完善和统一 RFID 应用标准和技术体系。②在核心技术上寻求突破。比如通过切入通用中间件的研发,进行"弯道超越"。③利用市场自身的力量开启庞大的 RFID 应用市场,而不是依赖政府的推动。④政府及产业链各关联方要积极发挥管理和协调作用,打破条块分割等。

【任务回顾】

通过对本章的学习,我们初步掌握了 RFID 系统的组成、分类及特点,了解了

RFID 技术与 EPC 技术的应用及其发展前景。通过在企业的实训体验,对比分析 RFID 技术相对于其他自动识别技术的优势,进一步感受企业应用 RFID 技术所获得的工作效率的提高和各方面的效益。

【名词速查】

1. RFID 技术

RFID 技术即射频识别技术。它利用能接收或发射无线电波的电子标签存储信息,并利用无线电波实现标签与识读器之间的非接触双向通信获取相关数据,实现信息自动识别和资料交换。

2. EPC 技术

EPC 技术即产品电子代码技术。它通过给每一个实体对象分配一个全球唯一的代码,构建一个可以自动识别任何位置、任何事物的开放性全球物品信息实时共享网络——实物互联网。

【任务检测】

一、单选题

1. 下列自动识别技术中,(　　)具有非接触、工作距离长、适于不良环境、可识别动态目标等优点。

　　A. 条码　　　　　　　B. 磁卡　　　　　　　C. IC 卡　　　　　　　D. 射频卡

2. (　　)在信息采集时使用射频技术,可以主动发射存储信息,并具有较大的信息存储空间。

　　A. RFID　　　　　　　B. GPS　　　　　　　C. GSM　　　　　　　D. GIS

3. EAS 系统是指(　　),一般设置在需控制的物品出入口。

　　A. 电子物品监视系统　　　　　　　B. 电视监控系统

　　C. 电子眼　　　　　　　　　　　　D. 电子传感系统

4. 射频技术的终端是手持式便携数据扫描仪,具有(　　)功能。

　　A. 无线通信　　　　B. 暂时存储　　　　C. 联网输送　　　　D. 自动扫描

5. 下列中(　　)是 EPC 系统的核心和关键。

　　A. EPC 射频标签　　　　　　　　　B. 识读器

　　C. EPC 编码体系　　　　　　　　　D. 网络信息系统

二、多选题

1. EPC 是基于(   )与(   )的新型物流信息管理技术。

    A. RFID   B. 二维条码   C. Internet   D. 自动识别

2. 射频标签可以(   )信息。

    A. 转移   B. 自动刷新   C. 发射   D. 储存

3. 典型的射频识别系统一般由(   )组成。

    A. 射频标签   B. 阅读器   C. 显示器   D. 传送器

4. 下列(   )属于 RFID 技术在物流企业中的应用。

    A. 自动拣选   B. 出入库

    C. 供应链管理   D. 列车车号识别

5. RFID 技术利用无线电波实现(   )和(   )间的双向通信获取相关数据。

    A. 物品信息   B. 射频标签   C. 仓库   D. 识读器

三、判断题

1. 从技术上讲,RFID 技术是 EPC 系统的一部分,是实现系统其他技术的必要条件。   (   )

2. EPC 系统必须通过专用增值网络实现全球"实物互联"。   (   )

3. EPC 通过给每一个实体对象分配一个全球唯一的代码,构建一个全球物品信息实时共享网络——实物互联网。   (   )

4. RFID 技术可以识别高速运动的目标,但不适用于货架识别等信息改变频繁的场合。   (   )

5. RFID 标签可与 EPC 标签互换通用,从而降低了成本。   (   )

四、简答题

1. RFID 由哪两大部分组成? 分别有何主要功能?

2. 根据完成的功能不同,可将 RFID 系统大致划分为哪四类? 它们分别适用于哪些场合?

3. RFID 技术有哪些特点?

4. EPC 系统主要由哪些部分组成? 它们分别实现什么功能?

5. EPC 系统与 RFID 系统有何联系和区别?

参考答案

一、单选题

1	2	3	4	5
D	A	A	B	C

二、多选题

1	2	3	4	5
AC	BCD	AB	ABCD	BD

三、判断题

1	2	3	4	5
√	×	√	×	×

四、简答题

1.RFID 由哪两大部分组成？分别有何主要功能？

射频识别系统一般由射频标签和信号接收机两大部分构成。其中,射频标签又称信号发射机,用来储存需要识别传输的信息。它能够自动或在外力的作用下,将存储的信息主动发射出去。信号接收机又称读写器,它的基本功能就是与射频标签及计算机进行通信,可读取标签信息或将信息写入标签,然后通过计算机及网络系统进行管理和信息传输。此外,信号接收机还提供较复杂的信号状态控制、错误校验与提示等功能。

2. 根据完成的功能不同,可将 RFID 系统大致划分为哪四类？它们分别适用于哪些场合？

①EAS 系统:设置在需要控制的物品出入口,其典型应用场合是图书馆、商店和数据中心等自选场所。当未被授权的人擅自取走物品时,EAS 系统会自动发出警告。

②便携式数据采集系统:适用于不宜安装固定式 RFID 系统的应用环境,可以在读取数据的同时,通过无线电波数据传输方式实时向主计算机系统传输数据;也可以将数据暂时存储在阅读器中,再分批向主计算机系统传输数据。

③网络控制系统:适用于物流自动化仓库的出入库动态管理等场合。RFID 阅

读器直接与数据管理信息系统相连,可在识别电子信息的同时将数据输入管理系统以进行相应的处理。

④定位系统:适用于自动化加工系统中的定位,以及对车辆、轮船等进行定位支持。射频标签中储存有位置识别信息,阅读器则放置在移动的车辆或货品上并与主信息管理系统相连。

3. RFID 技术有哪些特点?

①信息容量大。

②可重复使用。

③穿透性强,读取距离远。

④内容可以动态改变且安全性高。

⑤能够同时处理多个标签。

⑥可实现物体追踪定位。

4. EPC 系统主要由哪些部分组成? 它们分别实现什么功能?

①EPC 编码体系:提供实体对象的全球唯一标识,是 EPC 系统的核心和关键。

②射频识别系统:由 EPC 射频标签和识读器组成。其中,射频标签是产品电子代码的载体,可附着于可跟踪的物品并在全球范围内流通;而识读器负责读取标签中的 EPC 代码并将其输入网络信息系统。

③网络信息系统:由本地网络和全球互联网组成,可实现信息管理和流通功能,最终可实现全球实物互联。

5. EPC 系统与 RFID 系统有何联系和区别?

从技术上讲,EPC 系统包括了 RFID 技术。RFID 技术只是 EPC 系统的一部分,用于 EPC 系统数据存储与读写,是实现系统其他技术的必要条件。而对于 RFID 技术而言,EPC 系统可以被看是 RFID 技术的应用领域之一。

从射频标签上讲,不是所有的 RFID 标签都适合作 EPC 标签。EPC 标签是应用了 EPC 编码的射频标签,只有符合特写频段的低成本射频标签才能应用到 EPC 系统。

任务 4
推广电子数据交换
（EDI）技术

教学要求

1. 了解电子数据交换技术的产生背景和发展；
2. 体会电子数据交换技术的特点和优势；
3. 理解电子数据交换技术的实现过程；
4. 描述电子数据交换技术的组成；
5. 认识电子数据交换技术的典型模型；
5. 分析电子数据交换技术的效益；
6. 展望电子数据交换技术的前景。

学时建议

知识性学习：4 课时

案例学习讨论：2 课时

现场观察学习：4 课时（业余自主学习）

【导学语】

你知道他们的烦恼因何而起吗？

没完没了的资料处理，何时才是尽头？！

卷首案例

我们一起走进国际贸易的交易流程来体会他们的苦恼吧！

一、单证。国际贸易涉及不同的国家，各国的语言、商贸规定、进出口管理程序、关税制度和法律规定等方面的差别构成了国际贸易业务过程的一大难点。由于各国的商业机构、金融机构、管理机构和经贸双方都必须认同贸易过程中的各种单证，因此，各种单证繁多且处理过程繁杂。在传统手工填报、直接报送办理或通过邮局寄送办理的情况下，没有两三个月的时间是很难完成一个商贸过程的。这还不包括各个环节中的"卡壳"和拖延。如果发生这种情况，则后续一系列的时程安排将会打乱，必须重新联系并商定后续事宜，时间将会拖得更长。

二、流程。国际贸易过程中涉及的机构繁多，因而整个贸易活动中的所有信息流将受到贸易主管部门、生产部门、运输、海关、商检、银行、税务、外汇管理、保险和贸促会等多个职能机构的监控。具体而言，包括买方公司系统、进出口公司系统、海关系统、税务系统、金融机构系统、安检系统、运输系统以及卖方公司系统、供货公司系统、海关系统、税务系统、金融机构系统、运输公司系统等。而且在业务细则方面，他们还要不停地磋商，直到买卖双方都能够确认所有的细节为止。因此，系统之间各种商贸单证，包括订购单、发货单、报关单、保税仓储单、报检单、货物承运单、进出口许可证、产地证或配额指标、纳税单、保险单、付款单等的传递十分频繁，单证交流过程异常繁杂，如图4.1所示。

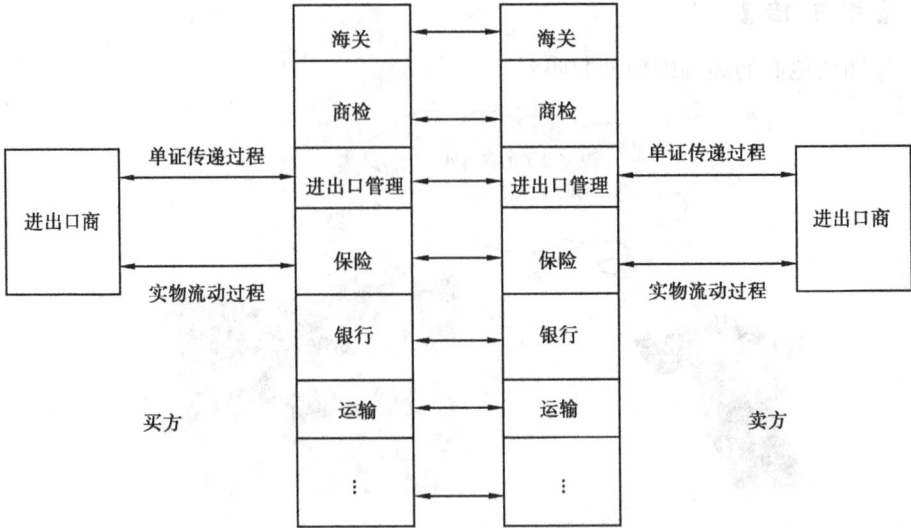

图 4.1　国际贸易单证交流图

原来如此!

那么,如何解决这一难题? 答案:EDI 技术。

来看一组应用 EDI 技术后相关效益的统计数据:

美国通用汽车公司:每生产一辆汽车的成本减少了 250 美元,以每年生产 500 万辆汽车计算,可节省 12.5 亿美元。

美国通用电气:产品零售额上升 60%,库存由 30 天降到 6 天。每年仅连锁店的文件处理费用一项即节约 60 万美元,节省运输时间 80%。

北美零售业:季节性商品降价销售率减少 30%,时装降价销售率减少 40%,零售额上升 20%～30%。

美国图书出版业:订货时间节省 60%。

日本东芝公司:每笔交易的文件处理费用由 1 500 日元降到 375 日元,仅为原来的 1/4。

经统计,应用 EDI 技术可提高商业文件传递速度 81%,降低文件成本 44%,减少由于错漏造成的商业损失 40%,提高竞争能力 34%。

本章的学习为你揭开 EDI 技术的神秘面纱,让我们一起来见证 EDI 如何实现这一系列的奇迹。

【学一学】

4.1　EDI 技术概述

4.1.1　EDI 技术的产生与发展

在现代物流活动中,物流企业每天都要与供应商、客户及其他企业进行通信或数据交换,企业内部各部门之间也有相当繁杂的信息交流,每天都会产生大量的纸张单证。而且,随着贸易额的上升,各种贸易单证、文件的数量也会出现激增。而作为企业管理和物流活动重要信息流的这些纸张单证,有相当大的一部分数据是重复出现的,如订单、运单、发票、采购单、银行对账单等,都需要反复进行相关数据的输入。尤其是国际间贸易,需要报关单、商检证明、保单等更多的单证,涉及海关、商检、场站、港口、船代、运输、银行、保险等许多环节的传递和处理。在企业交易量与信息量日益扩大的情况下,这种依靠传统纸质单证、邮寄传递及人工处理的模式已显得很不适应,迫切需要更加快捷、可靠、高效的数据传输和处理方式。在这种背景下,电子数据交换技术应运而生。

1) EDI 技术的概念

EDI(Electronic Data Interchange)即电子数据交换技术,一般定义是:商业贸易伙伴之间将按照标准、协议规范化和格式化的信息,通过电子方式在计算机系统之间进行自动交换和处理。事实上,EDI 是一种报文通信工具。也就是说,商业企业双方在进行信息传递前达成协议,然后按照统一规定的通用标准格式将双方彼此贸易往来的单证(如订单、发票等商业文件)转换成标准格式,再通过通信网络传输给对方,从而实现计算机系统之间的自动交换和处理。EDI 是现代计算机技术与通信技术相结合的产物,它将企业间传输的贸易文件电子化,无须纸张单据,故也称无纸贸易。

EDI 是一种计算机对计算机的信息交换和处理过程,一般用于传输询价、采购订单、作业计划、到货通知、付款结算等,也可用于贸易伙伴之间合同、生产、销售等信息沟通。由于物流业的快速发展,订单、作业计划、财务结算、通关等方面不仅数据信息量日益增大,而且对时间的要求也越来越准确和苛刻。因此,EDI 在物流业务中的应用日益普及。

在 EDI 中,传统贸易所需要的各种单据、票证全部被计算机资料传送所取代。原来由人工进行处理的单证核对、结算、入账和收发等工作,全部由计算机代为处理。由于资料的处理和传输全部依靠计算机和网络通讯来实现,极大地减少甚至消除了贸易过程中的纸面文件,所以 EDI 对于提高业务效率、降低成本和增加经济效益具有非常重要的作用。

2）EDI 技术的产生与发展

EDI 技术的产生可追溯到第二次世界大战后期,当时被用于柏林空运行动。行动中,美国为改变自己每天要处理大量纸质文件的状况,开始使用电传进行通信。同时,为了简化通信过程,还设计了操作格式和过程标准。标准的制定意味着 EDI 的开始。20 世纪 60 年代,当时平均每做成一笔生意需要 30 份纸面单证,而全世界每年做成的贸易不下亿笔,产生的纸质文件数以十亿计。为降低成本、提高效率,欧洲和美国几乎同时提出了 EDI 的概念。1968 年,美国交通运输数据协调委员会成立,其最初目的是制定美国运输业的电子数据标准。而后,该委员会又陆续颁布了一些公司间用于数据交换的标准计算机格式。最后,它发展成为电子数据交换协会（EDIA）,它们的方案形成了当今 EDI 的基础。

从 1989 年 2 月起,美国海关总署对使用 EDI 方式报关者优先进行处理。1992年,美国政府正式宣布全国统一采用 EDI 方式办理海关业务,对于不采用 EDI 方式的,其手续将被推迟处理。同时,在美国排名前 100 名的大型企业已全部应用 EDI,前 500 家大企业中已有 70% 应用了 EDI。在欧洲,瑞典邮电局成为率先提供 EDI 服务的企业,荷兰则成为使用 EDI 服务最广泛的国家,EDI 技术在其金融部门、后勤供应部门、交通运输、社会保险和地方政府等多个领域发挥着重要作用。1985 年,欧洲 12 国签署统一行动计划,并于 1987 年通过了"贸易电子数据互换系统"计划,该计划的实施极大地推动了 EDI 在欧洲的普及进度,加速了欧洲的经济发展。

亚洲各国对 EDI 的研究和使用开展较晚,目前正处理于积极推行的阶段。我国于 20 世纪 80 年代开始研究 EDI 技术,并将 EDI 纳入"八五"项目,确定了国家外贸许可证 EDI 系统等 5 个应用试点工程。中国远洋运输集团公司（中远集团）是我国内地应用 EDI 技术最早的企业。21 世纪初,中国开始建立 EDI 网络,覆盖包括北京、上海、海口等 14 个大中城市,可面向各个行业提供公共转接和交换中心服务。该网的建成对提高国内企业运作效率、降低运作成本、参与国际商业竞争起到了积极的作用。1996 年,亚洲 6 个国家和地区达成共同开发 EDI 系统的协议,这一举动大大加快了亚洲国家的 EDI 建设进程。

目前,EDI 技术在各行业、各地区的应用越来越广。其应用领域也从应用最多的进出口贸易行业扩大到商检、税务、邮电、铁路、银行、工商行政管理、零售业、制造业等各行各业。EDI 不仅给各个商业用户带来业务上的方便,而且使商业伙伴间的关系更加密切。《大趋势》作者约翰·奈斯比特曾预言:"未来全球信息化经济将建立在全球电脑网络及网络基础上的 EDI 之上"。可见,EDI 技术将在各种商务活动乃至社会活动中扮演越来越重要的角色。

小链接

　　EDI 技术的关键在于用标准报文来解决企业之间不同单证与不同传递方式所引起的问题。标准的制定必须经有关方面协商同意以实现获得最佳秩序和效益的目的。而 EDI 的发展时间较长并且是从不同行业中发展而来,因此它在发展初期形成了多种标准共存的局面。仅美国自 20 世纪 60 年代使用 EDI 以来,各种机构开发了近 200 种标准,这一局面极大地阻碍了 EDI 的国际化。直到 1986 年,在联合国的组织下,开发了一套统一的国际 EDI 标准——EDIFACT。此标准可以把现行 EDI 客户的应用系统有效地移植过来,得到了世界各国的支持,EDI 技术的发展也得到了空前的发展和推广。而 Internet 的出现,使 EDI 从专用网扩大到 Internet,降低了成本,满足了中小企业对 EDI 的需求。

4.1.2　EDI 技术的特点及优势

1)EDI 的特点

　　虽然国际标准化组织(ISO)、美国国家标准局等不同的组织对 EDI 的定义不完全相同,但对 EDI 应用的特定含义和条件的认识是一致的。与 E-mail、传真等在通信双方之间传递信息的方式相比,EDI 的应用具有以下特点:

　　①EDI 的使用者是具有长期业务关系的企业,是交易双方而非同一组织内部的不同部门,也不是临时性的企业或个人。

　　②EDI 所传输的文件是企业间的业务资料(如发票、订单、合同等),具有法律效力,而不是一般的通知或消息。

　　③EDI 所传输的是格式化的标准文件,同时具有格式校验、跟踪、确认、防篡改、防冒领、电子签名等一系列安全保密功能,可保证对方计算机能准确、安全甚至唯一接收。

　　④EDI 可实现计算机到计算机的自动传输和自动处理,其对象是计算机系统,无须人为干预或人工处理。

　　⑤EDI 数据传输具有非实时性,具有储存转发功能,不需要用户双方联机操作,从而解决了计算机网络同步处理的困难和低效率。

　　⑥EDI 一般通过增值网、专用网等专用网络作为数据通信网络。目前,随着网

络技术的发展和网络安全性的提高,Internet 也逐步成为 EDI 的数据通信途径。

小链接

EDI 的缺陷

EDI 一开始是针对大公司而开发的,所以尽管 EDI 大大有利于裁减人员,但根据其自身要求,却需要一些特殊的人员做一些专职工作,如管理事务、合作组织协商通信标准、建立和维护 EDI 基础设施等。不过,最大的问题是 EDI 的费用问题。短期来看,EDI 是不可能省钱的,因此不太适合中小企业。此外,EDI 的开发与实施需要花费大量的时间,两个用户可能需要花几个月的时间才能确保彼此通畅。由于存在许多不同的专用和通用 EDI 报文格式,因此对某一合作伙伴适用的 EDI 系统可能并不适用于另一合作伙伴。

2)EDI 的效益

EDI 的效益主要体现在以下几方面:

(1)缩短事务处理周期,提高工作效率,降低文件处理成本

由于单证、文件的传输、处理速度大幅度提高,并简化了中间环节,使内部运作更加合理。以中集集团(中国国际海运集装箱股份有限公司)给日本川崎汽船株式会社的销售结算文件(该文件共 44 页)为例:以 EMS 传递,历时 4 天,费用 126元;以传真方式传递,耗时 21 分钟,费用 74 元;利用 EDI 系统传递,20 秒内完成,其费用虽然根据不同行业、不同公司而不同,但相对前两种方式而言是微乎其微的。

(2)减少人工成本

由于 EDI 的数据传输和处理都是由双方计算机系统自动完成,尽量避免了人工干预,从而减少了人工工作量,降低了企业的人工成本。

(3)减少因单据差错遗漏造成的经济损失

使用 EDI 进行交易,相关数据在交易双方的计算机系统中以电子传输的方式进行交换,不需要重新键盘输入,而 EDI 软件还具有查错、反馈功能,使信息错误、丢失情况易于发现和更改,从而极大地降低了数据错误概率,避免因此而造成的经济损失。

(4)降低库存成本

使用 EDI 后,随着订单等各种单据处理速度的加快,企业的安全库存量随之减

少,从而降低了企业的运营成本。

(5)密切了贸易伙伴关系

随着贸易竞争的加剧,建立合作伙伴间更加紧密的合作关系、实现双赢是大势所趋。EDI 能够提高贸易伙伴之间的信息共享性,有利于增进彼此的相互信任;而随着单证丢失、票据错误等问题的消除,也避免了贸易双方的误会与冲突。

4.2　EDI 系统的实现过程和组成

4.2.1　EDI 的实现过程

近年来,EDI 在物流领域中的应用已经逐渐成熟。EDI 最初应用于订货业务,后来因其效率高、出错率低等优点,逐渐扩展到库存管理、发/送货信息和支付信息传送等业务,应用越来越广泛。那么,EDI 究竟如何参与物流过程呢? 我们以订单的制作、回复过程为例说明贸易伙伴间如何通过网络传输 EDI 文件来实现数据交换和自动处理的。

第一步:制作订单。购买方根据需要在自己的计算机上通过订单处理系统制作一份订单,并将所有必要信息以电子传输的格式存储起来,同时生成一份电子订单。

第二步:发送订单。购买方将此电子订单通过 EDI 系统传送给供货商。此订单实际上被发向供货商的电子信箱,该信箱存放在 EDI 交换中心,以等待供货商的接收指令。

第三步:接收订单。供货商使用邮箱接收指令从 EDI 交换中心自己的电子信箱中收取全部邮件,其中就有来自购买方的订单。

第四步:签发回执。供货商计算机中的订单处理系统会自动为该电子订单生成一份回执,经供货商确认后,订单回执经由 EDI 交换中心存放到购买方的电子信箱中。

第五步:接收回执。购买方使用邮箱接收指令从 EDI 交换中心自己的电子信箱中收取全部电子邮件,其中包括供货商发来的订单回执。

至此,整个订货过程结束,供货商收到订单,客户则收到了订单回执。可见,EDI 的实现过程就是用户将相关数据从自己的计算机信息系统传送到有关交易方的计算机信息系统的过程,如图 4.2 所示。

这个过程可分解为以下几个步骤:

①购买方从信息系统数据库中提取将要发送的数据,经转换软件系统参照标准和代码自动将数据文件转换为平面文件(也称中间文件)。

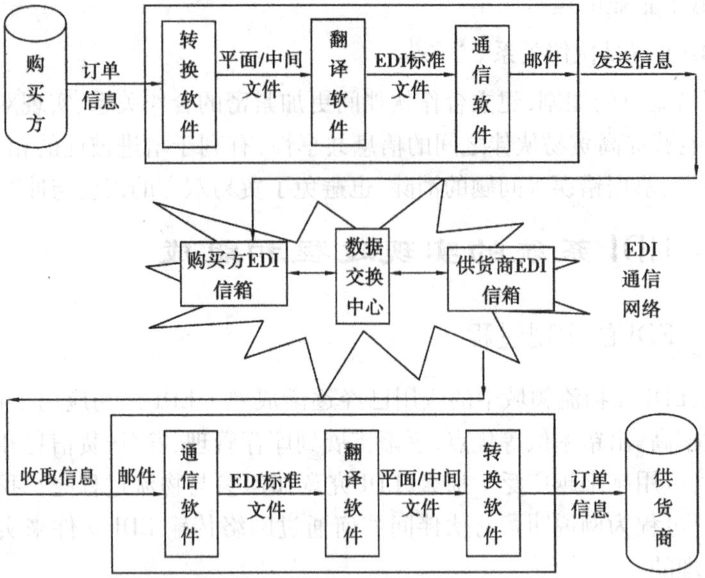

图 4.2　EDI 的订单实现过程

②翻译软件系统参照规定的翻译算法将平面文件翻译为 EDI 标准报文,将由通信软件组成 EDI 信件以邮件形式发送到 EDI 交换中心接收方的邮箱中。

③供货商通过认证后从 EDI 交换中心收取信件,并对收到的邮件进行一系列分组、翻译等逆变换,实现从 EDI 标准报文到平面文件再到数据文件的转换。

④供货商计算机系统将转换好的数据文件送到相应的信息系统数据库做进一步处理。

4.2.2　EDI 系统的组成

由上述 EDI 实现过程的分析,我们将 EDI 系统分为应用模块、转换模块和传输模块三大部分,如图 4.3 所示。

其中:

EDI 应用模块指进行数据交换的用户应用软件系统(如制单系统、财务系统等),由它们生成需要传输的商业单据(如报关单、发票等)。

EDI 转换模块接收来自应用模块的商业单据。它首先通过转换软件把这些商业单据转换成平面文件,再通过翻译软件把平面文件转换成 EDI 标准报文,最后由通信软件为 EDI 标准报文加上通信信封。

EDI 传输模块接收到具有通信信封的 EDI 标准报文,然后找到接收方的地址并通过通信网络把报文传送到接收方的邮箱中。

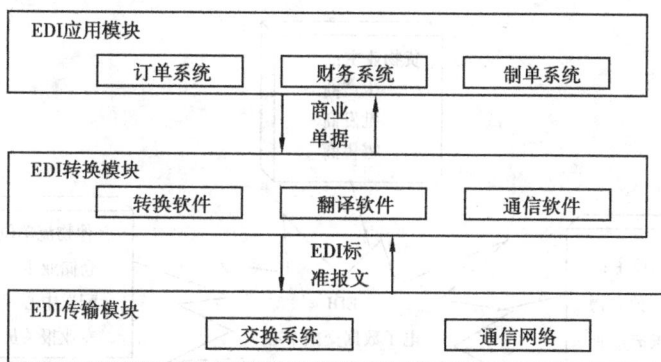

图 4.3　EDI 系统的组成

4.2.3　物流 EDI 系统的典型模型

所谓物流 EDI(Logistics EDI),是指货主、承运业主以及其他相关的单位之间通过 EDI 系统进行物流数据交换,并以此为基础实施物流作业活动。物流 EDI 的参与单位有货主(如生产厂家、贸易商、批发商、零售商等)、承运业主、交通运输企业(如铁路、公路、航空、水运企业等)、协助单位(如政府有关部门和金融企业等)和其他物流相关单位(如仓储、配送中心等)。物流 EDI 系统的典型模型框架结构如图 4.4 所示。

在这个由发送货物业主、物流运输业主和接收货物业主组成的模型中,物流 EDI 系统的主要工作流程如下:

①发送货物业主(如生产商)接收订货信息后制订货物运送计划,并将运送货物清单、运送日程安排等信息通过 EDI 发送给物流运输业主(包括承运业主和运输企业)和接收货物业主(如批发/零售商),以便他们提前制订车辆调配计划或制订货物接收计划。

②发送货物业主根据客户订货要求和货物运送计划下达发货指令,分拣配货,并将货物标签(条形码或电子标签)贴在货物包装箱上。同时,将运送货物的品类、数量、包装等信息通过 EDI 发送给物流运输业主和接收货物业主。

③物流运输业主从发送货物业主处取运货物,利用车载扫描仪读取货物标签信息,并与先前收到的所运送货物的相关数据进行核对,加以确认。

④物流运输业主在物流中心对货物进行整理、集装,然后制作送货清单并通过 EDI 向收货业主发送发货信息。在货物运输的同时进行货物跟踪管理,并在货物交付给收货业主之后,通过 EDI 向发送货物业主传达运送业务完成信息和运费清单。

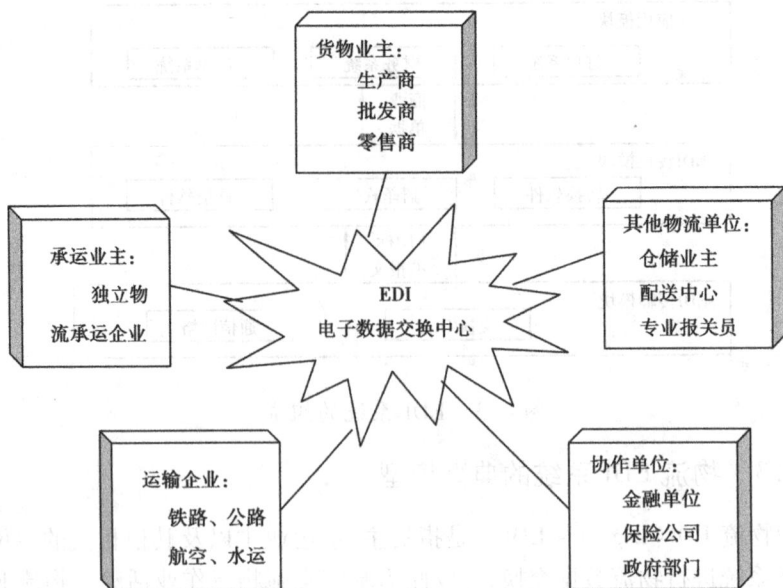

图 4.4   物流 EDI 典型框架结构

⑤在接收货物时,收货业主利用扫描仪读取货物标签信息,并与来自发送货物业主的货物运输数据进行核对,确认无误后开出收货发票,货物入库。同时,通过EDI 向物流运输业主和发送货物业主发送收货确认信息。

由此可见,EDI 系统使物流过程中供应链上的各合作伙伴在标准化的信息格式和处理方式的基础上实现了信息共享,大大降低了进货作业的出错率,节省了进货检验时间,从而降低了物流成本,提高了流通效率。

4.3   EDI 技术在物流领域中的应用

4.3.1   基于 EDI 的报关管理系统

目前,EDI 应用最多的领域是电子报关。尤其是在沿海地区,大多数海关采用了 EDI 处理各种业务。所谓报关是指货物或商品的收发人、代理人、进出境运输的负责人,在通过海关监管口岸时,依法进行申报并办理有关手续的过程,是履行海关进出境手续的必要环节之一。因此,海关是国家进出口贸易的监督管理部门,是连接贸易、运输、银行、保险、外经贸、商检等行业和部门的纽带,也是对大量经贸信息数据进行处理和传输的中枢(如图 4.5 所示)。

如果海关工作效率低下或频繁出错,可能会造成巨大的损失。例如,一艘装运

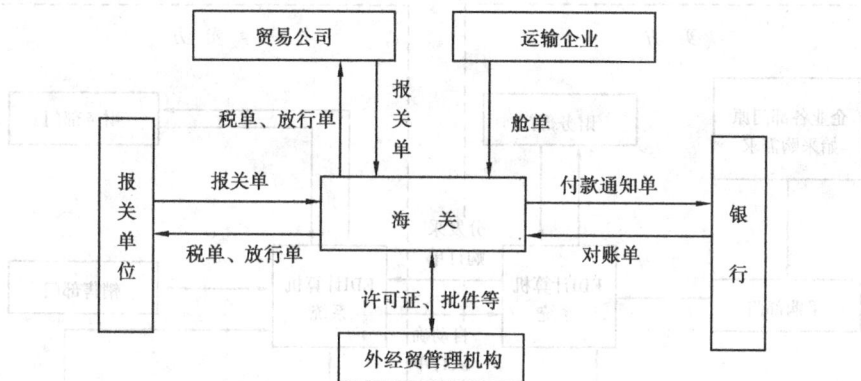

图 4.5　海关通关信息传送示意图

2 700 个集装箱的远洋货轮在海关处停滞,所造成的直接损失可能就高达 5~6 万美元,还不包括由此产生的一系列连带损失。相反,高效率海关产生的效益也是巨大的。如果海关与中央银行国库以及进出口纳税人之间采用电子支付系统完成缴税手续,仅税款提前入库一项每年就可节省在途资金利息数十亿元。

　　基于 EDI 的报关管理系统是指海关与通关对象之间运用 EDI 技术,自动交换和处理通关文件,通过海关计算机应用系统及时、自动完成整个报关过程,并对货物进行监管的计算机管理系统。其通关过程的数据传送过程与传统报关相同,同样涉及进出口货物报关、审单、征税、放行等通关环节。传统的报关过程中,用户在完成信息的填写、校验后,需要将其打印并交给海关相关负责人。这样不仅降低了双方的效率而且增加了数据二次输入的出错率。而利用 EDI 通关系统可自动实现报关单据管理、报关单制作、报关费用管理、报关过程监控等功能,并且能够跟踪有关单据的流转,自动生成后续仓储、运输等业务查询并实现其与仓储、运输管理系统的直接连接。用户把报关单发送给相应的海关后,海关的 EDI 应用系统会自动给用户发送一个回执,以作为用户已经向海关发送报关单的凭证。在许多情况下,用户不必到海关办理手续,极大地缩短了通关时间,提高了通关效率。

4.3.2　供应链中的 EDI 应用

1)EDI 应用于供应商与客户

　　在供应链中,厂商、供应商、批发商、客户之间 EDI 系统的应用模型有相似之处,在这里把它们统一概括为买方和卖方,其 EDI 的应用模式如图 4.6 所示。

　　在这种模式中,双方的工作流程如图 4.7 所示。

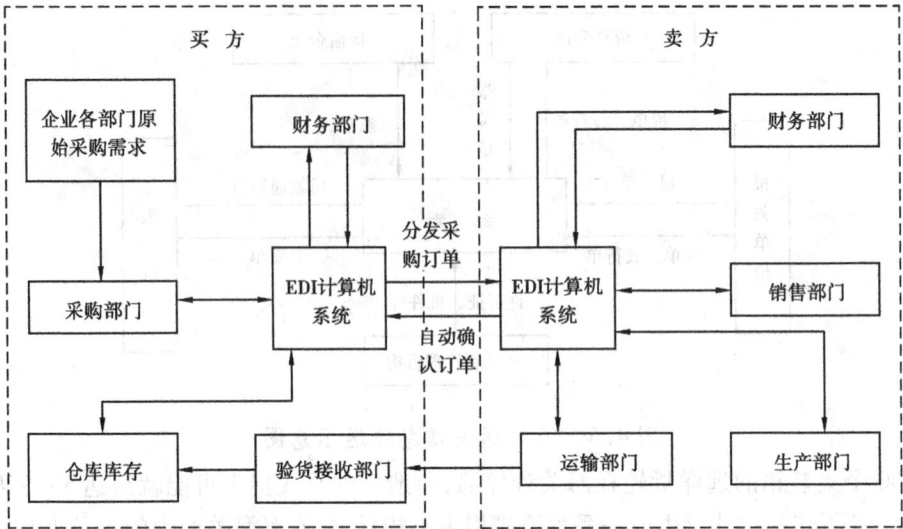

图 4.6　EDI 应用于供应商与客户模式

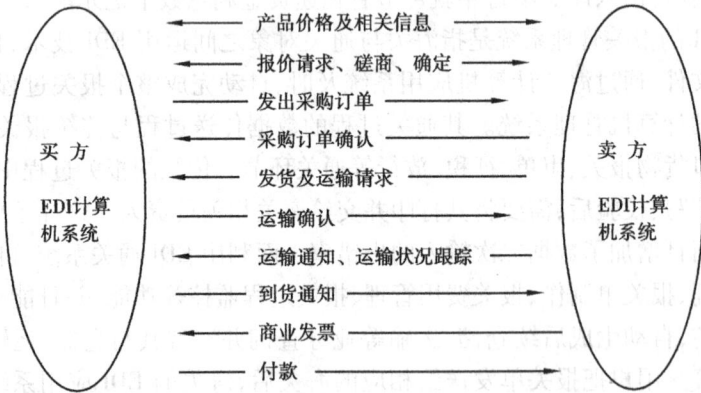

图 4.7　供应商与客户之间的 EDI 工作流程

可以看出，对于供应链中的任何一个节点而言，由于使用 EDI 标准报文格式，就不再需要为配合不同的上游（如供应商）或者下游（如客户）而使用不同的电子订货系统；供应商能提前收到订单，及时处理，加快送货速度；批发商不需要重新输入订单数据，能节省人力和时间，同时降低人为错误，从而改善从订购、验收到付款的整个流程。

2）EDI 应用于连锁店经营管理

连锁店管理系统中 EDI 的应用模式如图 4.8 所示。

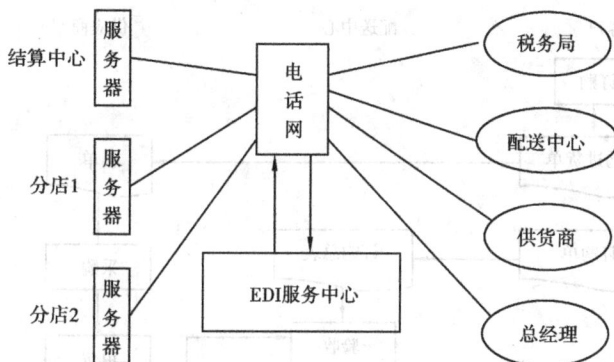

图 4.8   连锁店经营管理 EDI 应用模式

其中:

连锁分店——通过 EDI 中心将当天销售、库存情况发送给结算中心,同时接收结算中心的各种通知和第二天的价格变动信息,接收配送中心发回的发货通知单。

结算中心——接收各分店的货品情况并进行分析、调整,并将第二天的货品补充数目发送给配送中心,以及随时向各分店发送价格调整等各类信息并公布当日特价商品。

配送中心——接收结算中心发出的各分店进货信息并组织进货。

供货商——与结算中心之间采用了电子订货单,即收取配送中心发送来的订货单,并通过 EDI 服务中心与结算中心确认,然后将货品送至配送中心。

可见,由于 EDI 系统的参与,连锁经营的各项作业信息能得到及时地沟通和调整,在减少库存的同时有效避免缺货损失,使连锁经营的各部门得到有机整合,从而提高整体工作效率和服务质量。

4.3.3   配送中心的 EDI 应用

配送中心是连接供应商与客户的桥梁,其主要工作如图4.9所示。

在不同的作业流程引入 EDI 系统,可以实现不同的功能和目标。

(1)引入出货单:可以加快内部作业速度和数据传输

出货单是客户发出的出货指示。引入 EDI 出货单后可以与配送中心的拣货系统集成并生成拣货单,从而缩短了配货时间。在出货完成后,可以将出货结果通过 EDI 通知客户,使客户及时了解出货情况,从而能尽快针对缺货情况进行处理。

(2)引入催款对账单:降低对账错误率,减少对账人工成本

配送中心引入 EDI 催款对账单,同时开发对账系统并与出货配送系统进行集

客户　　　　　　　配送中心　　　　　　　供应商

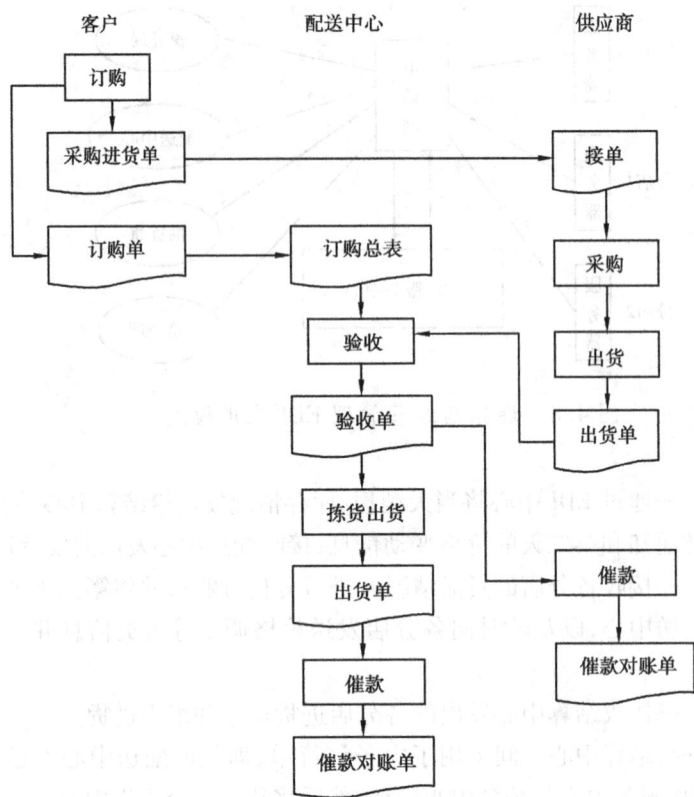

图 4.9　配送中心工作流程

成生成对账单,既可减轻财务部门每月的对账工作量,又可以有效降低对账错误率,继而减少催款对账的人力投入。

(3)提高数据传输效率,改善作业流程

日本 NITORI 公司总部位于日本东京。该公司在日本家具及家居用品零售业中名列前茅,并在泰国、马来西亚、越南等东南亚国家和中国内地及中国香港地区都分别成立了有海外子公司。其物流服务功能包括订单采集、进出货、仓储保管、流通加工、集装箱管理、出口商品报关及物流信息分析查询等。该公司物流中心每天能处理进出货订单高达 2 000 件,如此高效的处理能力都归功于公司采用的即时 EDI 通信方式和运作模式,保证了在低成本费用情况下实现信息中心和各仓储中心之间信息及时准确的交换。

4.3.4　运输业中的 EDI 应用

运输在物流过程中扮演着非常重要的角色,其交易流程如图4.10所示。

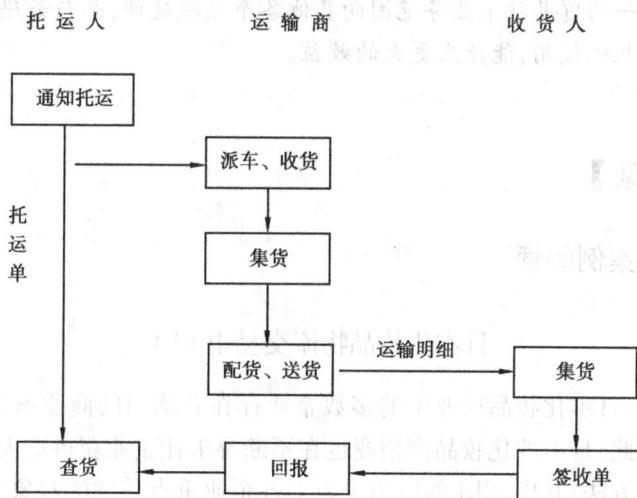

图 4.10　运输商的交易流程

在上述流程中,企业可以从不同的角度出发引入 EDI 系统,从而实现不同的目标:

(1)为了加速数据传输而引入 EDI 可先引入托运单,接收托运人传来的 EDI 托运单报文,并将其转换为企业内部托运单的相应格式。这样,运输企业可以提前了解托运货物的详细情况,包括性质、数量和重量等,以便调配车辆和前往收货。同时,因为不需要重新输入托运单数据,不仅节省了人力和时间,提高了效率,也降低了录入数据的出错率。

(2)为了改善从托运、集货到对账、收款的完整交易流程而逐步引入各项 EDI 单证

托运人传来的 EDI 托运信息可与发送系统集成并自动生成发送明细单;托运信息与送货回报作业集成,可将送货结果及时回报给托运人,从而提高客户服务质量,并且对已完成送货的交易,可以回报运费供客户提早核对;也可运用 EDI 催款对账单向客户催款,或与客户建立 EDI 转账作业,通过银行进行 EDI 转账。

小链接

在贸易往来中,使用 EDI 的工作量仅占使用手工工作量的 10%。随着 EDI 技

术及安全性能的不断完善和成本的逐步降低,其应用也逐渐广泛。企业通过 EDI 强大的数据传输功能实现自动订单处理,减少人工输入和错误率,并且可与企业业务系统集成,改善作业流程,缩短作业时间,从而提高企业的竞争力。未来的 EDI 将从目前较单一的贸易往来业务范围向其他各个领域延伸,并与条码、电子资金转账等成熟技术联机使用,能产生更大的效益。

【做一做】

一、经典案例阅读

日本化妆品物流交易中 EDI

长期以来,日本化妆品行业中的多数企业存在着陈旧的商业习惯和低效率的交易形态。为此,日本的化妆品产销商也在不断寻求让企业获得更大发展空间、取得更高利润的方法,其中,EDI 的应用成为了各企业重点关注的对象。他们希望借助 EDI 尽可能减少企业不必要的开支,实现物流和交易的效率化和资源配置合理化。

在日本,化妆品的流通环节相当复杂,并且物流效率很低。其制造商和零售商之间夹杂着贸易公司、分店、批发商等各种名目的组织机构,每个组织机构都在各自重复着发货、收货、装卸、库存、点验货等物流作业。尤其是在百货店、化妆品专营店中销售的制度品(生产商直接向百货店、化妆品专营店等设有该品牌专柜和专职销售人员的店铺按照合约内容供应的化妆品)更是如此,在商品送达百货店、化妆品专营店前往往要在不同的组织机构中反复点验货。零售店和生产厂之间存在着物流中转站、百货店物流中心等各种物流中心,他们都各自独立地对商品进行验货、点货等工作。生产商在发货时也会进行点验货,而零售商在收货时同样也进行点验货。这就使商品起码需要进行 4 次点验货手续才能在零售店中上架。重复烦琐的点验货手续会耗费产销商大量的导购人力资源,进而影响导购服务质量,给生产商和制造商造成直接损失。

在化妆品的物流环节中,处理发货单、收货单等纸质文件也会消耗大量的时间。按照日本一直以来的商业习俗,物流中转站和百货店物流中心会对每批货物中不同的商品进行收发货单核对。此外,在百货店、化妆品专营店中的导购人员多是生产商派遣而来,并非店铺的正式员工,所以他们基本上不能通过自己掌握的顾客需求情况进行订货,而是必须得到店铺负责人的许可才能下订单。这样不仅增加了订货的手续,还不能按照店铺的销售量和库存商品情况及时订货,让注重流行的化妆品错过了最佳的销售时机,严重影响了化妆品的销售额。

日本化妆品产销商认识到物流交易环节对业绩和利润的密切关系,开始着手对物流环节进行改革。这个活动的中心之一就是 EDI 技术的导入。外资化妆品 MAXFACTOR 和日本老牌百货店三越之间的 EDI 应用模式,成为了日本化妆品产销商引入 EDI 的楷模。从 1999 年 5 月开始,这两个企业就开展了一系列引入 EDI 制度的措施,以求实现简化点验货的手续和流程、废除收发货传票等纸质交易文书、提高订货处理的效率等目标,从而降低成本、增加利润。

在引入 EDI 后,两家企业把订货、接受订货、销售额管理、交货、点验货信息、赊账等情报通过网络共享,节省了大量不必要的手续和工作时间。例如,在生产商发货后的点验货工序中,生产商会把在发货时点验货的记录通过网络和各流通部门共享,各个部门原则上不需要再度进行点验货,而三越百货店则会对该生产商的商品进行定期的抽检。电子化的信息共享在最大程度上减少了纸质交易文书的使用,节省了处理这些文书的时间和劳动力。两家公司也对化妆品的订货手续进行了简化。生产商派驻的导购员无需得到百货店相关负责人的认可就可直接凭借自己对顾客需求的把握和其他专业的判断去确认订单的内容,并通过网络向公司发订单。百货店每个月会定出下个月订货的限额,只要在这个订货额范围内,导购员都可以自主决定订单的内容。这样,导购员就无需因为每张订单都向百货店确认而浪费本应用在导购服务上的时间,保证了商品能获得最佳的销售时机。

引入了 EDI 物流管理系统后,三越百货店的化妆部门取得了良好的收效。根据统计数据显示,化妆品部门的订货业务量减少了 77.4%,与商品相关的工作量减少了 72.9%。并且,化妆品的物流流通时间也大为缩减,由原来的 3~4 日缩减到 1~2 日,最大限度确保了商品的及时供应和获得最佳的销售时机。同时,这一系列的改革措施还让化妆品部的导购人员有更多的时间和精力用于导购工作上,增加了导购服务的质量。

EDI 在 MAXFCTOR 和三越百货店的成功运用取得了良好的收效,日本全国化妆品生产商和百货店组成的"化妆品流通 BPR 委员会"决定以 MAXFCTOR 和三越共同开发的商业模式和系统作为化妆品生产商和百货店之间在线交易的基准。以资生堂、嘉娜宝、花王、高斯等为代表的不少日本化妆品产销商也相应加快了引入 EDI 的步伐。

阅读思考:

1. EDI 如何提高日本化妆品的物流效率?

2. EDI 在日本化妆品的交易过程中,为企业节省了哪些成本?

二、实训活动

◎ **内容**

EDI 技术在物流中的应用。

◎ **目的**

了解 EDI 技术在国内企业的应用情况,尤其是在物流管理流程中所能实现的功能;进一步巩固、理解 EDI 的概念、构成要素和特点;熟悉在 Internet 环境下 EDI 的使用方式,了解 EDI 系统安全问题;展望 EDI 的应用前景。

◎ **人员**

①实训指导:任课老师。

②实训编组:学生按 8~10 人分成若干组,每组设 1 名组长。

◎ **时间**

0.5~1 天。

◎ **步骤**

①校内组织安全教育;

②联系实训企业相关部门,并组织学生集体参观;

③邀请相关业务部主管介绍企业 EDI 的系统组成及使用后带来的效益;

④分组查看企业相关资料,作好记录;

⑤分组现场观察 EDI 的工作过程,作好记录;

⑥撰写实训小结。

◎ **要求**

实训内容要尽量具体,但要充分考虑获取资料的难易及企业业务的保密性,也可以通过 Internet、报纸或期刊搜集整理资料。应选择应用 EDI 技术有代表性的企业,全面了解其物流作业规程。通过对 EDI 应用情况的分析,感受 EDI 为提高工作效率所作的贡献及其现阶段的局限性。结合所学,展望 EDI 技术的应用发展前景。

◎ **注意事项**

参观前应对学生进行企业情况介绍,让学生对所参观企业的业务有一定的了解,甚至进行必要的训练。对企业的选择应尽可能全面,应包括不同水平、不同类型的企业并且注重其是否具有代表性,避免以偏概全并注意所收集资料的真实性和时效性。

【议一议】

EDI 的标准与安全问题

一、EDI 的标准

EDI 可实现商业文件、单证的互通,是计算机之间的自动应答和自动处理。因此,文件结构、格式、语法规则等方面的标准化成为实现 EDI 的关键,制定统一的 EDI 标准就显得非常重要。通俗地说,EDI 标准就是国际社会共同制定的一种用于在电子通信中书写商业报文的规范和国际标准。制定标准的主要目的在于消除各国在语言、商务规定及表达、理解方面的歧义,为国际贸易中各种单证的数据交换建起一座电子桥梁。

EDI 的标准包括网络通信标准(解决 EDI 通信网络的协议,保证各类 EDI 用户系统的互联)、处理标准(解决不同地域、不同行业的各种 EDI 报文共有的"公共元素"的处理标准)、联系标准(解决 EDI 用户所属的管理信息系统或数据库与 EDI 系统间的接口)、语义语法标准(网络各系统间传递报文的标准协议)等。在这些标准中,最首要的任务是实现单证标准化,包括单证格式的标准化、所记载信息的标准化以及信息描述的标准化等内容。

早期的 EDI 标准是由贸易双方自主制定的。随着 EDI 使用范围的不断扩大,陆续形成了 EDI 企业专用标准、行业标准、国家标准和国际标准等。由于 EDI 的发展时间较长并且是从不同行业中逐步发展而来,因此它在发展初期形成了一种多种标准共存的局面。仅美国自 20 世纪 60 年代使用 EDI 以来,各行业机构就开发了近 200 种标准。到 20 世纪 80 年代,德国、加拿大、英国、法国等国家也纷纷制定了自己的 EDI 标准。由于这些标准互不统一,无法进行国际间的交流,EDI 难以在国际贸易中凸显其优越性。美国国家标准局特许标准委员会与欧洲的同行们便开始了联合研究 EDI 国际标准的工作。1985 年,由欧洲和北美 20 多个国家的代表开发了一种新的国际标准——EDIFACT(用于行政管理、商业及运输的 EDI)。在联合国的支持下,1986 年 EDIFACT 把原有 EDIFACT 和由美国国家标准局(ANSI)主持制定的在北美广泛使用的 ANSI X.12 两大国际标准进行合并,作为统一的国际标准,即 UN/EDIFACT 标准体系。自此,EDI 在全球范围内掀起了一场新的商业革命。

二、EDI 的安全问题

EDI 系统运行后会遇到许多安全威胁或袭击。有来自系统内部或外部的不带任何预谋的偶发性系统故障、操作失误和软件出错等,也有人为的、有预谋或动机的篡改合同数据、窃取商业机密、破坏存储系统等攻击。概括地说,EDI 的安全包括两大方面的内容:一是 EDI 数据的安全,二是 EDI 系统的安全。其中,EDI 数据的安全包括数据的完整性、机密性和可用性;EDI 系统的安全包括实体安全、管理保护、计算机系统本身的软硬件保护和通信系统的安全等,其重点是 EDI 数据的安全。

EDI 系统面临的不安全因素和受到的攻击可大致总结为以下几项:

①系统故障或操作失误:造成贸易资料信息的损坏或丢失,从而造成电子数据交换失败。②篡改数据:攻击者篡改在 EDI 系统中存储和传输的文电内容,破坏数据的完整性和真实性。③偷看、窃取数据:外来者冒充合法用户偷看他人的文电内容获取商业秘密,损害他人经济利益。④矢口否认:EDI 所处理的大量合同、订单等贸易数据被否定,在其起草、递交、投递等环节都可能产生这种现象,尤其采用自动转发等方式时,危险性更大。⑤拒绝服务:由于局部系统的失误及通信各部分的不一致而导致系统停止工作或不能对外服务。⑥文电丢失:因为安全措施不当或在不同责任区域间传递数据都可能丢失文电。

此外,EDI 的法律保护问题也是 EDI 能否推广应用的一个大问题,它将影响许多 EDI 的潜在客户。例如,传统的合同以双方签字表示对协议的认可,而 EDI 传递的商业文件却无法签字。当今的法律规定,没有当事人的亲笔签字,法律是不承认合同效力的。EDI 在实施过程中需要解决各种法律问题,包括电子文电的法律效力、电子签名问题、EDI 纠纷仲裁问题等。

要求:在网上查阅关于 EDI 标准和 EDI 安全的相关资料。

讨论:

1. EDI 的标准如何阻碍又如何促进 EDI 的发展?

2. EDI 目前采用了哪些措施以保证其安全性?

提示:①制定安全策略。②使用 EDI 的专用网络。③在 EDI 交换机上设置多种安全措施。④设定密码。⑤电子签名。⑥数据加密处理。⑦密钥技术等。

3. 为解决 EDI 的法律问题,目前世界各国分别有哪些举措和进展?

【任务回顾】

通过对本章的学习,我们初步掌握了 EDI 的基本概念、特点,了解了 EDI 应用系统的构成及基本工作原理和流程,熟悉了物流 EDI 的典型模型及 EDI 系统在不同领域的应用。通过企业参观实训,体验 EDI 技术带来的工作效率的提高和产生巨大的效益。

【名词速查】

1. EDI 技术

EDI 技术即电子数据交换技术,指商业贸易伙伴之间将按照标准、协议规范化和格式化的信息,通过电子方式在计算机系统之间进行自动交换和处理。

2. 物流 EDI

物流 EDI 是指货主、承运业主以及其他相关的单位之间通过 EDI 系统进行物流数据交换,并以此为基础实施物流作业活动。

【任务检测】

一、单选题

1. EDI 的英文全称为(　　　)。
　　A. Easy Data Interchange　　　　　　　B. Electronic Data Interconnection
　　C. Electronic Data Interchange　　　　 D. Easy Data Interconnection

2. EDI 的电子数据是(　　)的。
　　A. 实体　　　　　　　　　　　　　　B. 虚拟
　　C. 不可见　　　　　　　　　　　　　D. 通过转换可有视化

3. EDI 系统分为应用模块、传输模块和(　　)模块三大部分。
　　A. 运输模块　　　　B. 输入模块　　　　C. 输出模块　　　　D. 转换模块

4. 使用 EDI 系统可以密切(　　)关系。
　　A. 政府间　　　　　B. 贸易伙伴间　　　C. 消费者与客户　　D. 网络之间

5. EDI 传输的数据是企业间的(　　)。
　　A. 业务资料　　　　B. 人事资料　　　　C. 销售报表　　　　D. 报价表

二、多选题

1. EDI 系统可以降低物流成本,包括(　　)。
　　A. 文件处理成本　　B. 人工成本　　　　C. 库存成本　　　　D. 运输成本

2. 物流 EDI 的参与单位主要有(　　)和其他物流相关单位。
　　A. 货物业主　　　　B. 承运业主　　　　C. 交通运输企业　　D. 协助单位

3. EDI 与其他电子传输方式的区别是(　　)。
　　A. 非格式传输　　　B. 使用预先规定的标准化格式
　　C. 电子数据不可读　D. 通过网络在计算机之间进行数据交换

4. EDI 的组成要素为(　　)。

　　A. EDI 通信网络　　　　　　　　　B. EDI 硬件和软件

　　C. EDI 标准化　　　　　　　　　　D. EDI 法律平台

5. EDI 系统可处理的物流单证类型中的运输单证是(　　)。

　　A. 提单　　　　　　　　　　　　　B. 发票

　　C. 空运单　　　　　　　　　　　　D. 多式运输单据

三、判断题

1. EDI 系统的软件可分为转换软件、翻译软件和通信软件三大类。　　(　　)

2. EDI 可以传输不同格式的文件。　　(　　)

3. EDI 的安全包括数据的安全和系统的安全。　　(　　)

4. EDI 的使用者是具有长期业务关系的企业,而不是临时性的企业或个人。

　　(　　)

5. 由于 Internet 的日益普及,传统 EDI 的成本不断增加,从而阻止了 EDI 的发展。　　(　　)

四、简答题

1. EDI 系统的特点有哪些?

2. EDI 的效益主要体现在哪些方面?

3. 描述在订单制作、回复过程中如何通过 EDI 实现数据的自动交换和处理。

4. 列举 EDI 在物流行业中的应用。

5. 画出物流 EDI 的典型框架结构。

参考答案

一、单选题

1	2	3	4	5
C	B	D	B	A

二、多选题

1	2	3	4	5
ABC	ABCD	BCD	ABC	ACD

三、判断题

1	2	3	4	5
√	×	√	√	×

四、简答题

1. EDI 系统的特点有哪些?

①EDI 的使用者是具有长期业务关系的企业。

②EDI 所传输的文件是企业间的业务资料,具有法律效力。

③EDI 所传输的是格式化的标准文件,同时具有安全保密功能。

④EDI 可实现计算机到计算机的自动传输和自动处理,无须人为干预。

⑤EDI 数据传输具有非实时性,具有储存转发功能,不需要用户双方联机操作。

⑥EDI 一般通过专用网络作为数据通信网络。

2. EDI 的效益主要体现在哪些方面?

①缩短了事务处理周期,提高了工作效率,降低了文件处理成本。

②减少了人工成本。

③减少了因单据差错、遗漏造成的经济损失。

④降低了库存成本。

⑤密切了贸易伙伴关系。

3. 描述在订单制作、回复过程中如何通过 EDI 实现数据的自动交换和处理。

其方法如图所示:

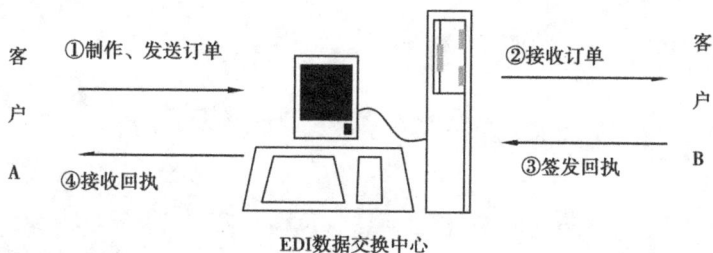

EDI数据交换中心

4. 列举 EDI 在物流行业中的应用。

①EDI 报关管理系统。

②供应链中的 EDI。

③仓储管理的 EDI。

④运输业中的 EDI。

5.画出物流 EDI 的典型框架结构。

任务 5
感受全球定位系统（GPS）和地理信息系统（GIS）

教学要求

1. 认识 GPS 与 GIS 的概念与发展；

2. 理解 GPS 与 GIS 的功能与组成；

3. 感悟 GPS 的定位方式；

4. 陈述 GIS 系统的类型与特点；

5. 清楚电子地图系统及其作用；

6. 描述 GPS/GIS 在物流领域中的应用。

学时建议

知识性学习:6 课时

案例学习讨论:2 课时

现场观察学习:4 课时 (业余自主学习)

【导学语】

1. 你知道什么是 GIS 吗？GIS 在物流信息化管理中有什么重要作用呢？
2. 你知道什么是 GPS 吗？在日常生活中,你了解多少有关 GPS 的应用？

> GIS就是信息化的交通地图吗？GIS有哪些作用呢？怎么用啊？

> "电子狗"是GPS吗？GPS能实现货物定位与跟踪吗？物流领域怎么应用GPS呢？

卷首案例

GPS 建奇功——神奇 GPS 帮助车主找回被盗爱车

一阵急促的电话铃声惊醒了正在熟睡的王先生,此时正是凌晨 1 点。

原来,王先生的轿车安装了 GPS 全球卫星定位系统,数百公里以外的 GPS 监控中心正全面监控入网的 GPS 用户。王先生的轿车被自动报了破坏警,监控中心马上提醒他轿车出现了异常。可王先生没有重视,以致窃贼钻进车里,盗走了车子。

在监控中心再次要求王先生查看车辆时,王先生发现车子已经被盗。这个时候,盗贼已经驾车上了高速公路正向另外一个城市狂奔。王先生要求 GPS 监控中心自动锁闭车辆,可高速行驶的车辆突然锁闭可能会造成人员伤亡和对汽车造成严重破坏。56 分钟以后,盗贼将车速减低之后,监控中心才实施了自动锁闭车辆,完全切断了车辆的电源。车辆由此陷入瘫痪,盗贼不得不弃车逃跑。GPS 监控中心协同警方在另外一个城市把王先生的轿车找回。

看完这个故事,大家一定会惊讶于 GPS 的神奇了吧。GPS 为什么会如此神奇呢？请跟我来,让我们共同探索、全面认识 GPS 与 GIS,感悟 GPS 的定位与 GIS 的妙用,领会和体验 GPS 与 GIS 在物流领域中的重要作用。

【学一学】

5.1　GIS 系统概述

同学们已经学习了配送相关知识。在配送活动中,我们面临的不得不解决的问题很多,比如最短路线问题、网络物流问题、设施定位问题等。我们怎么解决这些问题呢? 是不是我们面对一张城市交通地图,要拿着一把尺子进行比划呢? 我们怎么知道某条路或者某条街道能通行多长多宽的车? 这条路或者街道对车的限高是多少呢? 这条路或者街道什么时间最繁忙? 很明显,我们从一张交通地图上是无法找到我们需要的答案的。

随着计算机技术与多媒体技术的发展,地理信息系统(Geographic Information System,简称 GIS)作为获取、处理、管理和分析地理空间数据的重要工具、技术和学科,近年来得到了广泛关注和迅猛发展,并广泛应用于各个领域,为物流活动提供了高效、精确的可视化地理信息,为物流活动的决策提供了依据。

5.1.1　GIS 系统的概念与发展

1)GIS 的含义

地理信息系统是指收集、管理、操作、分析和显示空间数据的计算机软、硬件系统。它是一个以地理坐标为基础的信息系统,具有强大的处理空间数据的能力,具有空间数据的获取、存储、显示、编辑、处理、分析、输出和应用等功能。

GIS 是计算机与多媒体技术发展的产物,是一个计算机化的技术系统,它又由若干个相互关联的子系统构成。GIS 的操作对象是空间数据,即点、线、面、体这类有三维要素的地理实体。GIS 的技术优势在于它的数据综合、模拟与分析评价能力,具有地图数字化、矢量和图像的浏览查询、基于空间数据的分析、三维模拟、虚拟现实、地图输出等功能。

2)GIS 的发展

GIS 的发展可以划分为起步阶段、实用阶段和形成 GIS 产业这三个发展时期。

（1）起步阶段

1963 年,加拿大测量学家 R. F. Tomlinson 首先提出了地理信息系统这一术语,并建成世界上第一个 GIS 系统(加拿大地理信息系统 CGIS)用于自然资源的管理和规划。不久,美国哈佛大学提出了较完整的系统软件 SYMAP,这可算是 GIS

的起步。

(2)实用阶段

进入20世纪70年代以后,计算机软硬件水平的提高促使GIS朝着实用方向迅速发展。一些经济发达国家先后建立了许多专业性的GIS,并在自然资源管理和规划方面发挥了重大的作用。例如,从1970年到1976年,美国国家地质调查局就建成了50多个GIS信息系统,其他国家如加拿大、德国、瑞典和日本等国也相继发展了自己的GIS。与此同时,一些商业公司开始活跃起来,GIS软件在市场上受到欢迎,许多大学和研究机构开始重视GIS软件设计及应用的研究。

(3)迅速发展并行成产业阶段

20世纪80年代,由于计算机行业推出了图形工作站和PC机等性能价格比大为提高的新一代计算机,为GIS的普及和推广应用提供了硬件基础。同时,计算机网络技术的迅速发展也使地理信息的传输时效得到了极大的提高,它的应用已从基础信息管理与规划转向更复杂的实际应用,成为辅助决策的工具,并促进了地理信息产业的形成。此外,GIS软件的研制和开发也取得了很大成就,涌现出一些有代表性的GIS软件,如Arc/Info、Genamap、MGE、Cicad、System9等。GIS的普及和推广应用又使得其理论研究不断完善,使GIS理论、方法和技术趋于成熟,开始有效地解决全球性的难题,例如全球沙漠化、全球可居住区的评价、厄尔尼诺现象、酸雨、核扩散及核废料等问题。

我国的地理信息系统正在进行理论探索、硬件配制、软件研制。我国GIS的发展较晚,经历了4个阶段,即起步(1970—1980)、准备(1980—1985)、发展(1985—1995)、产业化(1996以后)阶段。目前,GIS已在我国许多部门和领域得到应用,并引起了政府部门的高度重视。

5.1.2 GIS系统的功能与组成

1)GIS系统的功能

为什么GIS技术能够在全球范围内迅速发展并得到广泛应用呢?其答案就是GIS技术具有强大的地理空间信息的处理功能。具体包括数据采集与输入功能、数据编辑处理功能、数据存储与组织功能、空间数据查询与分析功能、制图功能等五项基本功能,各部分功能如图5.1所示。

(1)数据采集功能

数据采集是指将GIS系统外部的原始数据或现实的客观数据传输给GIS数据处理系统内部,并将这些原始数据转换成计算机系统能够识别和处理的格式。数

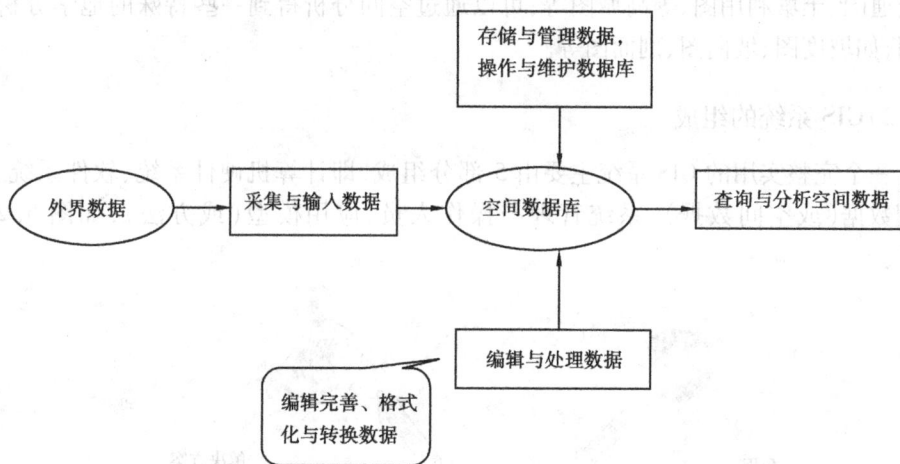

图 5.1 GIS 基本功能

据采集主要用于获取数据,保证 GIS 数据库中的数据在内容与空间上的完整性、数值逻辑一致性与正确性。

随着科技的进步与时代的发展,GIS 数据采集技术经历了平板仪采集、全站仪采集、航空摄影测量、3S 采集等阶段。在网络技术不断发展的今天,"3G"时代必将会带领 GIS 数据的采集和更新进入网络化采集阶段。在这一阶段,作业人员可以通过高速网络实时地获取和更新数据,进一步提高 GIS 数据的更新速度。

(2)数据的编辑处理功能

数据的编辑处理主要是指对所采集的数据进行编辑和完善、格式化与转换等。编辑和完善主要是对采集的初始数据进行差错处理,格式化与转换主要是对不同类型的数据进行变换与处理。数据编辑的对象包括图形编辑和属性编辑。

(3)数据的存储与组织

数据的存储与组织包括数据库定义、数据库的建立与维护、数据库操作、通信功能等。

(4)空间查询与空间分析功能

这包括拓扑空间查询、缓冲区分析、叠置分析、空间集合分析、地学分析、数字高程模型的建立、地形分析等。

(5)制图功能

GIS 地理信息系统具有很全面的地图输出功能,可以为用户输出包含所有信息的全要素地图;可以根据用户需要而分层输出各种专题地图,如行政区划图、道路交通图、土壤利用图、等高城图等;可以通过空间分析得到一些特殊的地学分析用图,如坡度图、坡向图、剖面图等。

2)GIS 系统的组成

一个完整实用的 GIS 系统主要由 5 部分组成,即计算机硬件系统、软件系统、地理数据(或空间数据)、系统管理与操作人员、应用模型(或方法),如图 5.2 所示。

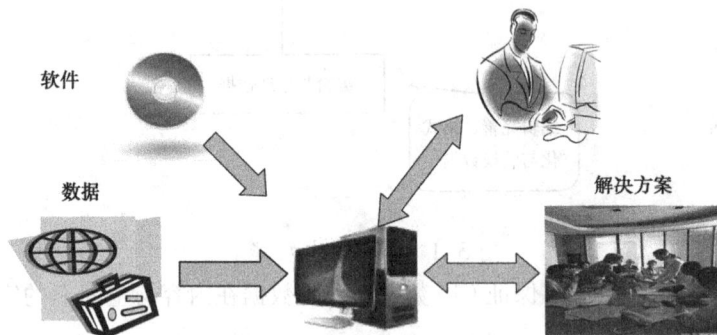

图 5.2　GIS 系统组成

在这 5 个组成部分之中,计算机硬件系统与计算软件系统为 GIS 系统的运行提供了操作平台,是 GIS 系统功能实现的基础;地理空间数据是 GIS 系统运行的核心;系统管理与使用人员是整个系统运行的关键;应用模型或方法则提供了解决专门问题的理论和方法。

(1)计算机硬件系统

GIS 的硬件系统一般由计算机主机与相关的外围设备所构成。如果对计算机的主机没有特别的要求,GIS 硬件系统既可以运行在终端集成服务器上,也可以运行在单机上,还可以运行在网络计算机上。但如果对输入输出设备有较高的要求,由于系统中的数据都是数字形式的,所以要根据不同的数据形式要求配备相应的数字化输入设备,常用的有矢量数字化仪、图形扫描仪、遥感全球定位系统等。因为 GIS 系统输出的都是图形数据,所以输出设备也主要是能够显示或输出图形的设备,如图形终端显示器、绘图机、多媒体输出机等。

(2)计算机软件系统

GIS 软件提供了存储、分析和显示地理信息的功能和工具,主要的软件部件有:输入和处理地理信息的工具,数据库管理系统(DBMS),支持空间查询、分析和可视化的工具,以及使用这些工具的图形化界面(GUI)等。

（3）地理数据

地理空间数据是 GIS 系统的操作对象与管理内容,是 GIS 系统的核心元素,其主要来自室内地图数字化、专业采集、遥感图像解析或从其他数据转换得到。地理空间数据分为空间数据和非空间的属性数据两大类。

（4）系统管理与使用人员

GIS 系统是一个复杂的人机系统,也是一个动态的地理系统。因此,除了计算机的软硬件系统外,还需要管理和操作人员对系统进行系统组织、管理、维护和数据更新。这包括设计和维护系统的技术专家,也包括从事日常工作的技术人员。GIS 系统的管理和操作的人员是整个系统的关键因素。

（5）应用模型（或方法）

虽然 GIS 为解决各种现实问题提供了有效的基本工具,但对于某一专门应用领域的问题解决,必须在对具体对象与过程大量研究的基础上构建专门的方法或模型,这是解决实际应用问题成败的至关重要的因素。比如土地利用适宜性、基于GIS 的物流系统分析、车辆追踪、水土流失等。这些模型或方法是 GIS 技术产生社会经济效益的关键所在,也是 GIS 生命力的重要保证,因此在 GIS 技术中占有十分重要的地位。

5.1.3　GIS 系统的类型和特点

1）地理信息系统的类型

根据内容和服务对象不同,通常可以将地理信息系统分为三大类:

（1）专题型地理信息系统

这类地理信息系统是专门为某个特定的领域或者是某个应用目标而设计制作的,具有很强的专业特性,为特定的目的服务。例如用于资源管理的解决农业和林业领域各种资源的地理信息系统,用于交通网络分析的地理信息系统,用于城市规划的地理信息系统等。

（2）区域型地理信息系统

这类地理信息系统的建立主要为某个区域的综合研究服务或者给这个区域提供全面的地理信息服务。根据服务对象的不同,它可以有各种不同的规模,有国家级、省级、市级和县级等按行政区域建立的地理信息系统。也可以按自然流域或自然地理分区建立的区域信息系统,比如中国黄河流域信息系统,日本的"国土信息系统",加拿大的"国家地理信息系统",瑞典的斯德哥尔摩地区地理信息系统等。

（3）工具型地理信息系统

这类地理信息系统专门为用户提供一个开发设计地理信息软件的平台,用户可以根据自己的专业需要开发设计适合于特定领域的 GIS 软件,这可以分为独立开发和二次开发。

2）GIS 的特点

GIS 的特点归纳起来有以下几点:

（1）可视性

GIS 系统解决的就是模拟现实三维空间的位置关系,它通过三维地图或可以无级缩放的电子地图直观地给我们展示现实世界的具体空间位置关系,完全能够做到"所见即所得"。

（2）复杂性

GIS 系统处理的对象非常复杂,既包括有描述地理性质特征的文字信息和数字信息,还包括反映空间地理位置关系的图形、图像信息等。

（3）智能性

GIS 系统具有采集、管理、分析和输出多种地理信息的能力,具有模拟常规的或专门的地理分析方法来解决人类需要但又难以完成的任务的能力等。

（4）空间导航性

GIS 系统提供了空间数据库,包含了空间地理相关的所有数据,能够给我们提供方便、直观、快捷的空间地理服务。我们可以通过各种比例数据进行区域内大范围全局研究、特定范围局部研究或者具体项目的细部研究等,为各个领域空间地理方面的工作提供决策支持和服务。

（5）计算机系统的支持性

GIS 系统是随着计算机软、硬件系统的不断发展而发展起来的,因此,计算机系统支持是地理信息系统的重要特征。GIS 系统充分利用计算机系统的快速、精确、计算量大的特点,与相关地理知识结合,使得地理信息系统能以快速、精确、综合地对复杂的地理系统进行空间定位和过程动态分析,以取得自然过程的分析和预测的信息用于管理和决策。

5.1.4 电子地图系统简介

1)电子地图简介

电子地图(Electronic map)即数字地图,是地图制作和应用的一个计算机系统,是数字化了的地图,即以数字方式存储和查阅的地图。电子地图可以存放在数字存储介质上,如磁盘存储介质,光盘 CD-ROM 等。

2)电子地图的特点

易用性:携带方便,查阅简单快速,地图比例尺可随用户需求而设定。

立体性:利用虚拟现实技术将地图立体化、动态化、动画化,令查阅者身临其境。

交互性:电子地图可以根据使用者的不同要求而在不断与计算机的对话中动态生成出来。比如,使用者可以设定地图显示比例、显示范围、显示图层等。

广阔性:电子地图没有地区和范围的限制,可以在不同地区之间进行无缝漫游和平移。

海量性:电子地图有专用的海量数据库,信息量巨大,地图内容完整、丰富。

共享性:数字化的电子地图能够进行无损复制,并且能通过计算机网络进行传播。使用者能迅速方便地查找到世界上很多地区和各种类型的地图。

3)电子地图的类型

(1)导航图

电子地图能够为配送运输、外出旅行等提供帮助和服务,如选择最快捷的路线、通过编码技术自动寻找并定位目的地等导航服务。

(2)网络地图

电子地图有海量的地理数据资源,其地图信息通过 Internet 网络发布。如一些电子地图网站,它们特别易于快速、准确地查阅世界各地的地理信息。

(3)遥感地图

即用遥感数据制作的地图。

(4)地形图

如美国的 DeLome Topo 地形图集,它收录了美国 50 个州的地形信息、道路信息,能显示三维立体地形。

(5)多媒体地图

多媒体地图是在电子地图中集成了声音、动画和影像资料,能全方位、立体化展示某地的地理状况和风土人情。国家测绘局、各省市测绘与城市规划部门设计和生产了各种比例的电子地图,比如全国范围的有 1∶400 万、1∶100 万、1∶25 万、1∶5 万的电子地图,各个地方的有 1∶5 000,1∶2 000,1∶1 000 的电子地图等。各种比例的电子地图是国家基础地理信息系统的重要组成部分,是其他各部门专业信息管理、分析的载体,可为城市规划建设、交通、旅游、汽车导航等许多部门提供科学、准确、直观的数据服务,极大地提高了工作效率。

4)国内部分电子地图网站

百度地图:提供在全国范围内浏览地图、搜索地点、查询公交驾车线路等服务。

图吧地图:是国内最大的在线地图及无线地图服务提供商,为互联网和手机用户提供地图搜索、位置查询和交通规划服务等。

神州龙地图:面向全国提供各种地图查询、商旅服务、酒店机票预订和交通导航等。

Google 地图:提供互动地图、行车路线、卫星图像,可利用地区或企业名称作关键词搜索。

丁丁地图:主要提供上海地图、上海公交线路查询、换乘查询等电子地图服务,也可以用上海地图显示您的目标位置、自驾车线路。它还能提供上海本地门牌、道路、景点、商家信息等电子地图功能。

5.2 GPS 系统概述

5.2.1 GPS 的概念与发展

1)GPS 的概念

GPS(Global Positioning System)即全球定位系统,是利用空间通信卫星、地面控制系统以及信号接受机对地球上任何地方的用户都能进行全方位导航和定位的系统。它主要用于飞机、船舶、车辆的导航,可引导飞机、船舶、车辆以及个人安全、准确地沿着选定的路线到达目的地。

2)GPS 的发展

20 世纪 50 年代,美国开始研究使用卫星定位技术进行定位、测速的卫星导航系统,其主要目的是为陆、海、空三大领域提供全天候、实时的导航服务,当然也用于美国的军事目的。从 GPS 的发展历程看,大致经历了 3 个阶段:

(1)初步设计和试验阶段

从 1973 年至 1979 年,先后有 4 颗试验卫星发射升空,同时配套研制了地面接收机,建立了地面跟踪网络,以对卫星导航服务进行方案论证和试验。

(2)全面研制阶段

从 1979 年至 1984 年,先后有 7 颗试验卫星发射升空,并配套研制了多种用途的地面接收系统。实验结果表明,卫星导航服务效果显著,精确度很高,完全能实现为海、陆、空三大领域提供全天候、实时的导航服务。

(3)实用组网、广泛应用阶段

从 1989 年发射第一颗专门应用于导航服务的 GPS 卫星至今,GPS 已经发展成为了由 24 颗卫星组成的导航卫星系统,并广泛应用于各个领域的导航服务。

随着各个国家的重视,都在研究和发展自己的 GPS,如欧洲有自己的伽利略卫星导航系统,俄罗斯有 GLONASS 卫星导航系统,我国有北斗星导航系统等。

我国的 GPS 发展起步较晚,最初于 1995 年建立了 GPS 研究协会,专门从事 GPS 的研究。从 20 世纪 80 年代以来,我国在引进 GPS 接收机的同时着手研究卫星遥感接收仪器,开始建立自己的导航服务系统,并在一些大中城市建立了永久跟踪站。2003 年 5 月,我国发射了"北斗一号"导航定位卫星,建立了北斗星导航系统。

5.2.2 GPS 的组成与特点

1)GPS 的组成

GPS 系统由三部分组成,即空间部分、地面控制部分、用户设备部分。我国北斗卫星导航系统如图 5.3 所示。

(1)空间部分——GPS 星座

GPS 的空间部分由 24 颗高度大约为 2 万千米的卫星组成卫星星座,这 24 颗卫星分布在 6 个轨道面上,每个面 4 颗卫星。这些卫星的分布使得在全球的任何地方、任何时间都可以观测到 4 颗以上的卫星,从而实现全天候、不间断的全球卫星导航服务。

(2)地面控制部分——地面监控系统

地面控制部分由 1 个主控站、5 个全球监测站和 3 个地面控制站组成。监测站

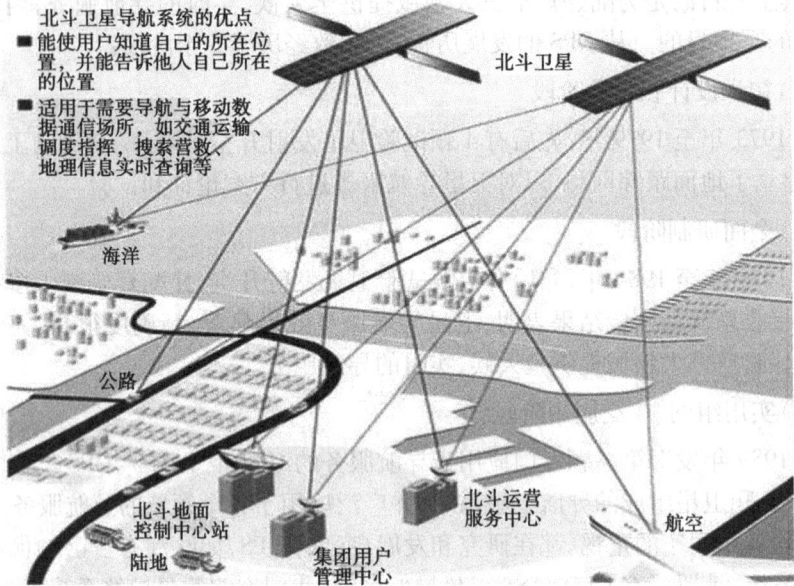

北斗卫星导航系统的优点
■ 能使用户知道自己的所在位置，并能告诉他人自己所在的位置
■ 适用于需要导航与移动数据通信场所，如交通运输、调度指挥、搜索营救、地理信息实时查询等

北斗卫星

海洋

公路

北斗地面控制中心站

陆地

集团用户管理中心

北斗运营服务中心

航空

图 5.3　GPS 系统组成

均装配有精密的原子钟和能够连续测量到所有可见卫星的接收机。各部分的作用是：监测站将取得的卫星观测数据传送到主控站；主控站从各监测站收集跟踪数据，计算出卫星的轨道和时钟参数，然后将结果送到 3 个地面控制站；地面控制站在每颗卫星运行至上空时，把这些导航数据及主控站指令注入到卫星，每天注入一次。地面控制系统的主要作用是不断检测和修正可能出现的误差，以保证导航系统的精确性。

（3）用户装置部分——GPS 信号接收机

GPS 信号接收机的主要功能是捕获并跟踪导航卫星，并于接收机捕获到跟踪的卫星信号后测算相关数据。接收机中的微处理计算机可按定位解算方法对监测到的数据进行定位计算，从而计算出用户所在地理位置的经纬度、高度、速度、时间等信息，以实现准确定位。常见的 GPS 信号接收机有手持式导航仪，车载式导航仪等。

2）GPS 的特点

（1）定位精度高

GPS 卫星定位系统是目前世界上精度最高的一种卫星导航服务系统。其动态定位精度可以达到厘米级，静态定位精度可以达到毫米级，速度监测精度可以达到

0.1 m/s。

（2）全球覆盖、全天候工作

GPS 卫星星座系统 24 颗卫星的分布使得在全球的任何地方、任何时间都可以观测到 4 颗以上的卫星，从而实现全天候、不间断的全球卫星导航服务。

（3）快速、高效率

GPS 可以实现快速、高效率地采集数据，也可以实现无人值守全自动测量采集数据。

（4）功能多、应用广

GPS 的应用范围非常广泛，如用于汽车、飞机、轮船定位与导航；用于城市交通智能管理；用于紧急救生；用于个人通讯终端用于地形测量；用于精细农业等。

3）GPS 的基本定位方式

GPS 的定位方式有两种，即单点定位方式和相对定位方式。

（1）单点定位方式

单点定位是指用一台 GPS 接收机接收卫星的信号并确定接收点的位置。单点定位方式测定的位置精度较低，其移动目标定位误差为 10 ~ 25 m 或 100 m 左右，固定点定位误差分别为 1 m 和 5 m。

（2）相对定位方式

相对定位又称差分定位，就是在两个地点同时进行定位测量，求出两点间的相对位置关系并采用差分技术进行修正。如此可大大提高定位精度，甚至可以达到毫米级。

小知识

北斗卫星定位系统是由中国建立的区域导航定位系统。该系统由 4 颗（2 颗工作卫星、2 颗备用卫星）北斗定位卫星（北斗一号）、以地面控制中心为主的地面部分和北斗用户终端三部分组成。北斗定位系统可向用户提供全天候、24 小时的即时定位服务，授时精度可达数十纳秒（ns）的同步精度。北斗导航系统三维定位精度约几十米，授时精度约 100 ns。北斗一号导航定位卫星由中国空间技术研究院研究制造。2008 年北京奥运会期间，它在交通、场馆安全的定位监控方面，和已有的 GPS 卫星定位系统一起发挥了"双保险"作用。

5.3 GPS/GIS 技术在物流领域的应用

通过前面章节的学习,我们了解了有关 GPS 与 GIS 的相关知识,同学们思考过下面的问题吗?

1. 为什么要发展 GPS 与 GIS 呢?

2. 它们能应用在哪些领域呢?

> 现在,我知道什么是GPS了,我也知道GIS是什么了。可是,它们怎么用啊? 又有什么重要作用呢?

5.3.1 导航与定位

1)导航与定位的基本知识

导航是 GPS 的基本功能。GPS 发展的初衷就是用于飞机、船舶、车辆的导航,以引导飞机、船舶、车辆以及个人安全、准确地沿着选定的路线到达目的地。因此,不论是飞机、船舶,还是车辆、个人,都可以利用 GPS 导航系统与 GIS 电子地图对行驶中的运输工具与货物进行定位与导航。

GPS 的定位与导航是由 GPS 导航接收器接收 GPS 系统中 3 颗以上的卫星信号,并求出 GPS 导航接收仪所在位置的经纬度坐标、速度、时间等信息,再利用 GPS 的单点定位或差分定位方式计算出 GPS 导航接收仪的位置来实现的。为了提高导航定位精度,GPS 通常采用差分定位方式。

GPS 导航系统与电子地图、GSM 网络、相关计算机管理信息系统相结合,可以实现对运输工具实时监控与跟踪、规划航程与路线、提供信息查询、实施紧急救援等功能。下面我们仅对实时监控和紧急援助进行简单说明。

(1)实时监控

GPS 可以实时显示出运输工具或个人的实际位置。利用 GIS 电子地图的空间地理数据库特性,可以实时了解监控目标所处位置的详细地理数据;实时监控可以跟随目标移动,使目标始终保持在屏幕上,并可任意放大、缩小、还原、换图等,提供方便、灵活、及时的监控;还可实现多窗口、多目标、多屏幕同时跟踪。该功能可以对重要目标和货物进行实时跟踪运输,以确切知道运输工具与货物的具体位置,准确预测到达目的地的时间,为在途货物安全、在途货物管理与在途库存管理提供了依据。

(2)紧急援助

通过 GPS 定位和监控管理系统,人们可以对遇有险情或发生事故的运输工具或个人进行紧急援助。当运输工具或个人在遇到险情或发生事故时,GPS 定位和监控系统监控台的电子地图显示出求助信息和报警目标,并规划出最优援助方案,从而为发生事故或遇到险情的运输工具或个人提供及时有效的紧急援助。

2)导航与定位应用的主要领域

导航与定位的应用主要有以下几个方面:
①引导飞机航路。
②远洋船舶导航。
③城市智能交通管理。
④汽车导航。
⑤车辆与货物跟踪。
⑥紧急援助。
⑦个人导航。
⑧通信终端导航。

5.3.2 城市交通疏导系统

随着经济的快速发展、机动车辆的迅猛增加以及居民城市化的快速推进,道路交通流量巨大与交通能力不足的矛盾日益突出,交通的拥挤与堵塞严重影响了各地的经济发展,成为了制约物流业发展的关键因素。面对现状,我们怎么办? 我们如何疏导城市的交通呢?

如今,GIS 和 GPS 技术在城市交通管理中的应用日趋成熟,在交通辅助指挥、交通事故处理辅助指挥决策、交警分布与部署、公交信息查询等方面发挥了重要作用。GPS 实现了定位、导航以及调度管理等功能,与 GIS 技术集成后,能够实现不同的具体应用目标。

下面我们就 GIS 和 GPS 技术在出租车管理领域为例进行说明。

运用 GIS 进行出租车管理,依靠的是出租车上配备的全球定位系统(GPS)。据悉,目前国内许多城市的出租车都配备了 GPS,可以利用检测系统的数据进行实时的显示,真正实现对出租车进行实时动态的有效管理。

车载 GPS 定位系统主要是由车载 GPS 自主定位,并结合无线通信系统将定位信息发往监控中心。监控中心通过计算机软件对传递过来的信息进行处理,并把出租车的位置显示在监控中心的电子地图上,接着利用 GIS 平台对数据进行分析和管理,并根据出租车的运行状况和交通信息对出租车进行实时管理。

1)车流疏导

根据已经建立的各交警大队对各个路口的实时视频监控系统可实时监控道路交通状况。只要点击电子地图上的某一位置,即可获得该点的交通信息,包括车流、人流密度、道路畅通情况等。根据 GPS 定位系统可检测到出租车位置信息、运行速度和前进方向等;可以在电子地图上添加标志车辆的控件,与真实车辆同步运行并留下运行轨迹,以实时、直观地显示出城市各路段出租车的分布密度。由于一个城市的出租车数量巨大,如果将所有的出租车都显示在电子地图上,势必造成视觉拥挤,影响美观。所以,可以采取一定的操作来隐藏控件并在必要时随时显示控件,以及通过放大缩小等地图操作对局部区域的出租车信息进行处理。由此,利用该系统就可以对司机进行正确的引导。当某一路段遇突发事件发生堵塞时,司机可以利用调配中心提供的最佳路径,绕过堵塞路段,以减轻堵塞路段的交通压力。

2)车辆资源合理配置

根据实时视频监控系统监控各区域的交通状况,通过分析,随时反馈各区域的出租车需求信息,从而对出租车进行合理的调配。监控中心还可以开通电话预约乘车功能,即乘客通过现代通讯技术将需求上报调配中心,说明时间、地点,调配中心就可根据乘客的需求信息就近调度车辆到指定位置。为了合理地利用出租车资源,同一时刻应尽量减少空驶率,故调配车辆时就应优先调配当前空载的车辆。所以,电子地图上标志出租车的控件应分为载客和空载两种状态,以不同的颜色显示,并且随着出租车载客状态的变换,颜色也应相应地进行切换,使出租车的载客信息一目了然。监控中心会根据信息标注乘客所在地,并以该乘客所在地点为中心检索当前离该乘客位置最近的具有空乘属性的出租车辆,然后与车辆司机进行信息交流以确定最合适车辆参与服务。监控中心也可以群呼这些车辆,以抢答形式确定就近车辆至指定地点为乘客服务。

5.3.3 车辆监控系统

下面我们就 GIS 和 GPS 技术在出租车管理领域为例进行说明。

①运用 GPS 定位可以对车辆进行实时监控,将 GPS 运用于出租车的管理中。当出租车司机的人身安全受到侵犯或者发生意外交通事故,司机按动报警按钮或求救按钮时,监控中心会迅速确定车辆所在位置,实时跟踪,并将这一信息报告给警察,方便其以最快的速度采取行动。标志车辆的控件留下的运行轨迹,使公安机

关或救援人员可以及时查询周围道路、景观等城市地理信息,避免因地况不熟悉造成的麻烦。除了 GPS 检测到的数据之外,司机的个人信息也会事先录入,例如姓名、性别、年龄、车牌号、驾龄、家庭住址等。当乘客在出租车上遇到问题(比如落下东西、受到司机侵害等)但是记不清车牌号时,可以根据乘车时间和乘车路线以及其他信息,比如司机性别、大概年龄、车辆大概特征等,查到所乘坐出租车司机的准确信息,从而挽回损失,保证乘客的行车安全。

②GIS 技术在城市出租车的管理方面有极大的应用价值。针对目前城市出租车缺乏有效管理的状况,GIS 通过对出租车空间数据与属性数据的综合管理,可提供确切的空间定位图形显示和空间定位数据查询以及空间分析、辅助决策功能,能够对城市出租车进行统一有效的管理,缓解交通压力。调配中心还可以向司机实时提供天气预报、路面状况等信息,可以监控出租车的行驶状态,并采取相应措施。与 GPS 技术结合后,GIS 技术在城市出租车管理领域必将发挥更大作用。

5.3.4   手机定位系统

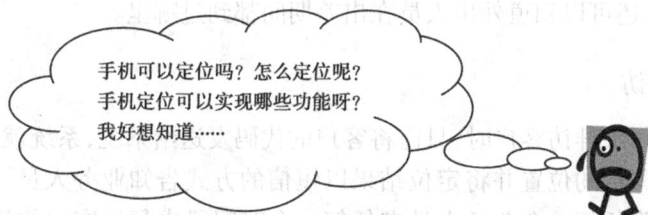

手机定位利用 GSM 移动通信网的蜂窝技术来实现位置信息的查询。GSM 无线通信网是由许多像蜜蜂蜂窝一样的小区构建而成的,每个小区都有自己的编号,通过手机所在小区的识别号就可以知道手机所在区域。目前,手机小区定位技术尚在完善之中,市区精度范围在 200 m 左右,郊区精度范围在 1 000 ~ 2 000 m。随着移动公司技术的不断发展,相信精度会进一步提高到 50 m 范围内。同时,目前显示的地标名还在优化之中,随着进一步优化,地标将更加准确。

下面我们以联通手机定位企业版为例进行说明。

联通手机定位系统通过对业务销售人员手机的定位跟踪,不仅可以使企业对每位业务销售人员每日的行程一清二楚,还可以使企业对每位业务销售人员拜访客户的情况一目了然。换句话说,企业不仅可以知道每位业务销售人员每天都到过哪里,什么人员于什么时间出差了,出差期间都到过哪里,外出人员现在都在哪里,而且还可以清楚地知道每位业务销售人员是否拜访过客户,什么时间拜访了哪些客户,每个客户都拜访了多少次,还有哪些客户没有拜访到。甚至,企业还可以随时知道每位业务销售人员目前在什么位置,全部或部分业务销售人员目前分布在哪里,指定的人员是否在指定的区域内等。

1)行程跟踪

企业可以根据自身的需要进行随意地设置,可在工作时间内对每位销售人员进行周期性的定时跟踪,如周一至周五的每天 8:30 ~ 17:30 每隔 60 分钟对销售人员定位一次,每天定位 10 次。这样一来,每位销售人员在任何一天的行程轨迹都会显示在电子地图上。也就是说,每位销售人员每天都到过哪里,企业都能一清二楚。

2)差旅监控

企业员工每次出差时,只需向系统发送一条出差开始的短信,系统将会自动在每天的 8:00 ~ 18:00 每隔 60 分钟对出差人员进行一次定位,直到出差人员返回时再向系统发送一条出差结束的短信为止。这样,企业不仅可以知道什么人员在什么时间出差了,还可以知道外出人员在出差期间都到过哪里。

3)客户拜访

业务人员每次拜访客户时,只需将客户的代码发送给系统,系统就会通过定位判断业务销售人员的位置并将定位结果以短信的方式告知业务人员。这样,企业就可以随时查询任何一个业务人员在任何一个时间段内拜访客户的记录,内容包括拜访客户的时间和拜访客户的次数。也就是说,每位业务人员在什么时间,拜访过什么客户,在指定的时间范围内拜访过哪些客户,每个客户拜访了多少次,企业都可以随时进行统计查询。

4)位置查询

企业可以随时查询任何一个销售人员的当前位置。系统将会把查询目标的当前位置直接显示在电子地图上,并可以查询详细的位置描述信息。

5)分布查询

企业可以随时查询全部或部分销售人员在全国的分布情况,查询结果将会直接显示在电子地图上。同时,企业还可以对查询结果直接进行重新定位或群发短信的操作,方便企业对人员的调度管理。

6)区域查询

企业可以随时查询在指定的区域内都有哪些销售人员,也可以查询指定人员是否在指定的区域内,查询结果将会直接显示在电子地图上。同时,企业也可以对查询结果直接进行重新定位或群发短信的操作,方便企业针对特殊的区域进行人员调度管理。

7)短信群发

企业可以随时向全部或部分销售人员群发短信,并可查询短信是否成功发送,确保短信群发100%地到达每位销售人员。

【做一做】

一、经典案例阅读

GPS定位功能拯救生命

"东经103.547651,北纬31.456053,找到啦!"通过GPS定位的系统,整整失踪了3天、载有14名台湾游客的一辆车牌号为川A39730客车的具体位置被锁定。在"5·12"汶川大地震发生后,当时通信完全中断、道路严重堵塞,有14名台湾游客下落不明。在了解了承载台湾游客的旅游客车装有车载GPS之后,搜救小组迅速启用GPS卫星定位系统,30秒钟之内便锁定了客车的位置。随后,救援人员成功将这14名台湾游客全部救出。据了解,5月9日,14名台湾游客前往九寨沟旅游,游完九寨沟后,5月12日乘大巴前往都江堰,在汶川往映秀镇方向4.5千米处遭遇地震。

另一辆车牌号为川R18901的旅游大巴,承载着1名教师和42名学生,也被困在离震中不远的地方。搜救人员借助该旅游大巴安装的GPS,利用GPS定位系统进行搜索,被困师生成功获救。在这次抗震救灾中,利用GPS定位系统准确、及时地锁定灾区几百辆失踪车辆,协助救援人员找到数千名受灾游客,帮助他们及时脱险。在此次地震中,GPS定位系统圆满地完成了搜救任务,发挥了不可替代的重要作用。

阅读思考:

1.根据案例,说明GPS定位功能有哪些重要作用。

2.分析并讨论GPS与GIS的关系。

二、实训活动

◎ 内容

调查物流企业使用 GPS 与 GIS 的情况。

◎ 目的

通过调查,充分认识到 GPS/GIS 在物流领域中的应用及其重要作用。

◎ 人员

①实训指导:任课老师。

②实训编组:学生按 8～10 人分成若干组,每组选组长及记录员各 1 人。

◎ 时间

0.5～1 天。

◎ 步骤

①由教师在校内组织安全教育;

②与实训企业相关部门取得联系,并组织学生集体去该企业参观;

③邀请物流企业相关业务部门主管介绍使用 GPS 与 GIS 的情况;

④分组查看企业使用 GPS 与 GIS 的相关资料,作好记录;

⑤撰写调查文档;

⑥实训小结。

◎ 要求

利用业余时间,根据具体情况选择有一定代表性的物流企业,调查物流企业使用 GPS 与 GIS 的情况,了解并认识 GPS 与 GIS 在物流企业运作中的重要作用。

◎ 认识

作为未来的物流企业员工,应充分认识到 GPS 与 GIS 在物流企业运作中的重要作用。

【议一议】

GPS 与运输成本

目前,刚刚兴起的国内物流业处于"小、多、散、弱"和服务功能单一的状态,社会化、专业化程度低,效率差,成本费用高,物流费用占商品总成本的比重高达 40%。其中,运输成本占物流成本接近 50%。这到底是什么原因呢?据相关部门统计,全国货运空驶率平均为49%,数以万计的运输公司在无序的管理中混乱竞争。这不仅推高了运输成本,而且使运输公司不断陷入困境。在美国,物流成本占商品总成本的10%左右,原因又是什么呢? 主要原因是美国货运空驶率低,美国有代表性的运输公司车辆空驶率被控制在10%以内。为什么美国的货运空驶率比我国低那么多呢?

国内专家通过对美国和欧洲一些发达国家考察发现,在十几年前,美国公路的空驶率在20%左右,后来降到10%以下,其奥秘就在于他们应用了信息管理技术,通过卫星定位系统对车辆进行了有效的调度和管理。GPS在此展现了它的魅力。

阅读完以上资料,思考并讨论:GPS在运输中能发挥哪些作用? 如何充分利用GPS促进我国物流业实现合理化?

提示:GPS在运输中的重要作用有:①实时监控功能;②双向通信功能;③动态调度功能;④数据存储、分析功能。

【任务回顾】

通过这章的学习,我们认识了GPS与GIS的概念与发展;理解了GPS与GIS的功能与组成;感悟了GPS的定位方式;明确了GIS系统的类型与特点;清楚了电子地图系统及其作用;知道了GPS/GIS在物流领域中的应用。

【名词速查】

1. GIS

地理信息系统简称GIS(Geographic Information System),它是指收集、管理、操作、分析和显示空间数据的计算机软、硬件系统。

2. 电子地图

即数字地图,是地图制作和应用的一个计算机系统,是数字化了的地图,即以数字方式存储和进行查阅的地图。

3. GPS

GPS是指全球定位系统(Global Positioning System),它是由覆盖全球的24颗卫星组成的卫星系统,主要用于飞机、船舶、车辆的导航,以引导飞机、船舶、车辆以及个人能安全、准确地沿着选定的路线到达目的地。

4. 导航

导航是GPS的基本功能,GPS发展的初衷就是用于飞机、船舶、车辆的导航,以引导飞机、船舶、车辆以及个人能安全、准确地沿着选定的路线到达目的地。

【任务检测】

一、单选题

1. GPS 接收机按用途可分为导航型、测量型接收机和(　　)接收机。
   A. 单频　　　　　　　B. 双频　　　　　　　C. 授时型　　　　　　D. 多通道

2. GPS 主控站,监测站,注入站的数量分别是(　　)。
   A. 1,3,3　　　　　　 B. 1,2,5　　　　　　 C. 1,3,5　　　　　　 D. 1,5,3

3. 欧洲国家主导建立,我国也参与的全球卫星定位导航系统,称为(　　)。
   A. 伽利略系统　　　　　　　　　　　　B. 牛顿系统
   C. 阿基米德系统　　　　　　　　　　　D. 北斗定位系统

4. GPS 时间系统以(　　)作为时间基准。
   A. 恒星时秒长　　　　　　　　　　　　B. 原子时秒长
   C. 世界时秒长　　　　　　　　　　　　D. 恒星时和世界时秒长的平均值

5. GPS 是进行野外考察与探索的重要工具,其作用是(　　)。
   A. 随时知道自己所在的地形　　　　　 B. 随时知道自己所在地的气候
   C. 随时知道自己所在地的地理坐标　　 D. 随时知道自己所在地的水文状况

6. 如果组织一场远足或登山,我们可以利用 GPS 来提供相关信息。这些信息是关于(　　)的。
   A. 气压变化　　　　 B. 气温高低　　　　 C. 精确时间　　　　 D. 位置定位

7. GPS 的中文全称是(　　)。
   A. 遥感技术　　　　　　　　　　　　　B. 地理信息系统
   C. 全球定位系统　　　　　　　　　　　D. 全球卫星定位系统

二、多选题

1. 属于 GIS 组成部分的有(　　)。
   A. 计算机系统　　　　　　　　　　　　B. 空间数据
   C. 系统操作人员　　　　　　　　　　　D. 全球卫星定位系统

2. 以下(　　)是 GPS 的定位方式。
   A. 相对定位　　　　　 B. 差分定位　　　　 C. 红外线定位　　　　 D. 卫星定位

3. 属于 GPS 的特点的有(　　)。
   A. 定位精度高　　　　　　　　　　　　B. 应用范围广
   C. 全天候工作　　　　　　　　　　　　D. 空间数据准确

4. GPS 由以下(　　)组成。
   A. 计算机系统　　　　　　　　　　　　B. 空间部分

C. 地面部分　　　　　　　　　　　　　D. 用户装置部分

三、名词解释

1. GIS

2. 电子地图

3. GPS

4. 导航

四、简答题

1. 请简述 GPS 的发展历程。

2. GIS 有哪些组成部分？有什么功能？

3. GPS 的定位方式有哪些？

4. GIS 系统有哪些类型？有什么特点？

参考答案

一、单选题

1	2	3	4	5	6	7
C	D	A	B	C	D	D

二、多选题

1	2	3	4
ABC	AB	ABC	BCD

三、名词解释

1. GIS：地理信息系统简称 GIS(Geographic Information System)，它是指收集、管理、操作、分析和显示空间数据的计算机软、硬件系统。

2. 电子地图：即数字地图，是地图制作和应用的一个计算机系统，是数字化了的地图，即以数字方式存储和进行查阅的地图。

3. GPS：GPS 是指全球定位系统(Global Positioning System)，它是由覆盖全球的24 颗卫星组成的卫星系统，主要用于飞机、船舶、车辆的导航，以引导飞机、船舶、车辆以及个人能安全、准确地沿着选定的路线到达目的地。

4. 导航：导航是 GPS 的基本功能，GPS 发展的初衷就是用于飞机、船舶、车辆的导航，以引导飞机、船舶、车辆以及个人能安全、准确地沿着选定的路线到达目的地。

四、简答题

1. GPS 的发展经历了 3 个阶段：

①初步设计和试验阶段；

②全面研制阶段；

③实用组网、广泛应用阶段。

2. GIS 有 5 个组成部分：

①计算机硬件系统；

②计算机软件系统；

③地理数据；

④系统管理与使用人员；

⑤应用模型（或方法）。

功能有以下几点：

①数据采集功能；

②数据的编辑处理功能；

③数据的存储与组织；

④空间查询与空间分析功能；

⑤制图功能。

3. GPS 的定位方式有两种：

①单点定位方式；

②相对定位方式。

4. GIS 的类型通常有以下三大类：

①专题型地理信息系统；

②区域型地理信息系统；

③工具型地理信息系统。

GIS 的特点有以下几点：

①可视性；

②复杂性；

③智能性；

④空间导航性和服务；

⑤计算机系统的支持性。

任务 6
运用物流管理信息系统

教学要求

1. 认识物流管理信息系统的概念;

2. 理解物流管理信息系统的功能与特点;

3. 感悟运输管理系统的流程与功能;

4. 陈述仓储管理系统的组成与功能;

5. 清楚国际货代系统的组成及其作用;

6. 描述销售管理系统的流程和功能。

学时建议

知识性学习:6 课时

物流软件操作:6 课时

现场观察学习:6 课时(业余自主学习)

【导学语】

我国物流行业起步较晚,其物流的管理以人工方式为主,不能适应现代企业提高经济效益、降低物流成本的要求。物流成本是企业成本的重要组成部分,我国物流成本占企业成本的比例很高,远远高于发达国家的水平,故还有很大的降低空间。如何才能提高管理水平、降低物流成本?如何才能充分发挥物流"第三利润源泉"的作用?下面我们共同探讨利用现代信息技术、通过物流管理信息系统来提高管理水平、降低物流成本并提高客户满意度以提高企业的竞争优势。

物流信息管理系统能提高物流运作的效率吗?

物流管理信息系统能发挥怎么样的重要作用呢?

6.1 物流管理中的流程

6.1.1 传统物流管理流程中存在的问题

传统物流企业的管理流程存在的问题主要有以下几个方面:

1)管理流程不适应市场的激烈竞争

物流业的核心是客户服务,物流管理应以客户需求为中心。因此,现代物流管理的流程应以客户需求为核心进行设置。但传统物流管理的组织结构是建立在命令和职能控制的基础之上,注重职能层级关系,且管理流程往往是以组织内部的上级机构为中心,忽视了现代物流以客户为中心的要求。

2)职能部门条块分割,难以协调统一,服务效率不高

不同的职能部门界限分明,很难从物流系统的整体性出发进行协调统一,它们各自强调自己部门工作的重要性,职能部门之间推诿、误会,甚至产生摩擦、形成派系等。这些不良现象阻碍了物流服务水平的提高,难以提供以客户需求为中心的

高效率的物流服务。

3）人为分割物流服务流程，难以提供集成式物流服务

传统物流管理流程基于劳动分工，完整的业务流程往往被各职能部门所分割，无法提供"一站式"的集成物流服务。这往往会造成各职能活动相互牵制的状况，延误了客户需求，提高了管理成本，无法适应现代企业对物流服务的要求。

现代物流系统是一个有机的整体，各个环节之间相互促进又相互制约。因此，现代物流要求其管理流程的整体性和完整性，必须要求以客户需求为中心，避免职能界限和流程分割，为客户提供集成式物流服务。

6.1.2　流程优化的基本原则

既然传统物流管理很难适应现代物流的要求，甚至成了阻碍现代物流发展的障碍，所以，我们对传统物流管理流程的改造与优化就成为必然。那么，怎么样才能构造一个能适应现代物流要求的流程呢？怎么样才能构造一个以客户为中心的物流管理系统呢？下面，我们就物流管理流程优化的基本原则进行共同学习吧。

1）物流流程系统化、整体化的原则

现代物流具有系统综合和整体性的特征，各个子系统、功能环节具有相互促进、相互制约的特征。因此，在现代物流管理中，物流的各个子系统被视为一个动态的系统总体，关心的是整个系统的运行效能与成本。供应链把物流系统有效地整合为一个整体，现代物流管理也以整个供应链为基本单位，而不是仅关注其中某一个功能系统。

2）物流管理信息化的原则

现代信息科学技术快速发展并广泛应用于社会经济的各个领域，物流管理流程的优化与构造必然要充分利用现代信息技术才能实现管理的信息化、自动化。各种物流管理软件的应用，是使信息的及时传递和管理决策智能化的必然趋势。对现代物流管理而言，信息系统是必不可少的，它贯穿于整个物流流程。只有具备完善的信息系统，才能把物流流程中的各个环节顺利连接起来，使其提高效率并发挥最大功能。

3）物流流程集成化的原则

现代物流流程优化必须改变传统物流管理流程，这需要基于劳动分工的思想，简化物流过程，减小过程的复杂度，变职能管理为过程管理，塑造完整的业务流程，

提供"一站式"的集成物流服务。只有这样,才能改变各职能部门相互牵制的状况,才能及时响应客户需求,提高物流服务水平,真正实现以客户为中心的物流管理。

4)流程优化规范化的原则

物流流程优化的目的就是要改造以前旧的管理体制以适应现代物流的要求,就是要规范物流流程。因此,实施物流流程优化必须满足规范化的管理要求。物流流程的规范化应该自始至终贯彻于整个物流系统之中,各个子系统流程的规范化都是流程优化规范化的必然。实现物流流程规范化,不仅要求物流管理信息软件本身要规范,而且要求企业的管理体制和组织结构要规范,只有这样才能真正实现物流流程的规范化。

6.2 物流管理信息系统

6.2.1 物流管理信息系统的概念

上面我们学习了传统物流管理中存在的问题,领悟了优化管理流程的基本原则。也许同学们不免要问:如何才能实现物流管理流程的优化呢? 在这样一个信息化、网络化的时代,现代化的信息科学技术让我们实现了现代化、智能化、自动化的物流管理,物流管理信息系统就是我们实现现代化物流管理的核心。请同学们跟随我们走进物流管理信息系统的科学殿堂吧!

所谓物流管理信息系统,是指利用计算机的硬件、软件、网络设备以及其他设备进行物流信息的收集、传输、存储、加工、更新与维护,以支持物流管理人员和操作人员组织、协调、控制各种物流活动的人机系统,通常简称为物流信息系统。

物流管理信息系统是现代物流系统的核心,是实现物流管理现代化的关键,也是现代物流系统运作的中枢,具有不可替代的作用。物流管理信息系统给物流管理和物流活动提供决策支持,通常以表格、文件、报告、图形等多种形式提供给管理者。

6.2.2 物流管理信息系统的特点

物流管理信息系统具有以下基本特点:

1)集成性

物流管理信息系统可将物流业务在流程上相互关联的部分整合在一起,能简化物流过程,减小过程的复杂度,变职能管理为过程管理,以塑造完整的业务流程,为企业物流活动中的集成化、信息化处理工作提供完整平台。只有这样,才能改变各职能部门相互牵制的状况,提供"一站式"的集成物流服务,才能及时响应客户需求、提高物流服务水平,真正实现以客户为中心的物流管理。

2)模块性

物流系统由 7 个子系统组成,各个子系统都有各自独特的功能、规范和标准。物流管理信息系统也因此划分为各个功能子系统,比如仓储管理系统、运输管理系统、国际货运代理系统、销售管理系统、流通加工系统等。各子系统遵循统一的标准进行开发设计,这便于功能整合、衔接流畅,既能满足不同功能部分的管理需要又能保证物流业务流程的集成实现。

3)管理性和服务性

开发和使用物流信息系统的目的就是为了优化物流流程,让物流管理符合现代物流的特点,给物流企业的管理者进行物流运作提供管理和决策支持,给物流业务的操作者提供快速、准确、简易的管理操作平台和信息化服务平台。所以,物流信息系统必须符合现代企业管理的要求和特征,必须符合现代物流企业的管理体制和管理方法,必须遵循现代物流企业管理的规律。

4)易用性

物流管理信息系统必须具备简单易用的特点,否则就没有生命力。物流信息系统把复杂的物流流程简单化,把需要人工复杂的分析、计算等部分简易化,利用计算机来快速、准确完成相关功能,给管理者和业务操作者提供简单易用的信息平台。

5)实时性

现代科学技术的快速发展,促进了物流管理信息系统实时化的实现。现代物流技术的广泛使用(如条码技术、TPL 自动识别技术、POS 技术、GPS 与 GIS 技术等),实现了物流信息系统对物流活动进行准确实时的信息采集。利用先进的计算机技术与通信技术,可实时地对物流活动的信息进行处理,实现了对客户信息的及时响应和无缝对接,提高了物流系统的运作速度和物流服务的水平。

6)网络性

物流管理信息系统充分利用了计算机网络,将分布在不同地理位置的供应商、客户以及物流下属企业等连接起来,形成一个信息共享的网络平台,便于管理者对各地业务的运作情况和客户信息进行实时掌握和管理。

6.2.3 物流管理信息系统的功能

物流系统由7个子系统构成,不同的子系统之间、同一子系统的不同层次之间都通过信息流紧密地联系在一起。因此,物流管理信息系统就是对物流信息进行采集、传输、储存、处理、显示和分析的功能集合。其基本功能可以归纳为以下几个方面:

1)信息处理功能

物流管理信息系统可将各种形式的信息进行收集,并对收集到的信息进行整理、加工、存储和传输,能及时、准确、全面地为管理者提供各种信息服务。

2)辅助决策功能

物流信息管理系统可为物流企业的管理者提供决策信息支持,为管理者进行战略、战术及物流运作提供支持,以达到组织的战略竞优和提高物流运作的效率与效益,从而实现科学合理利用企业资源,实现企业效益最大化。

3)事务处理功能

在系统的硬件和软件支持下,物流管理信息系统给物流企业的管理者和操作员工提供了快速、准确的日常事务处理能力。这不仅提高了效率,降低了人工成本,而且加速了物流反应和运作的速度,提高了服务水平。

4)计划功能

物流管理信息系统可以为不同的管理层和操作层提供所需要的信息,并对其工作进行合理的计划与安排,如库存补充计划、运输计划、配送计划等。

5)监测控制功能

物流管理信息系统能够实时监测物流各个环节的运行状况,能分析比较实际执行状况与计划之间的偏差,找出出现偏差的原因,并及时进行纠正,以实现系统的计划目标。

我已经知道了物流管理信息系统的特点与功能,能给我们讲一讲具体的物流信息管理系统吗? 比如运输管理系统、仓储管理系统、销售管理系统……

6.3　几种物流管理信息系统简介

6.3.1　运输管理系统

运输是物流运作的核心环节,运输成本在物流成本中占有很高的比例。实现运输的合理化和现代化,是现代物流管理的重要内容。现代运输管理是对运输网络和运输作业的管理,其管理人员承担着资源控制、状态跟踪、信息反馈等任务。运输管理任务繁多、信息量巨大,人为管理不仅成本高、效率低,而且误差大、及时性差等问题非常突出。随着现代经济的发展和市场竞争的加剧,对于物流服务的质量要求越来越高,尤其是运输服务的质量。如今,人为管理的模式已无法适应现代经济发展的要求,运输管理系统应运而生。运输管理系统功能结构如图6.1所示。

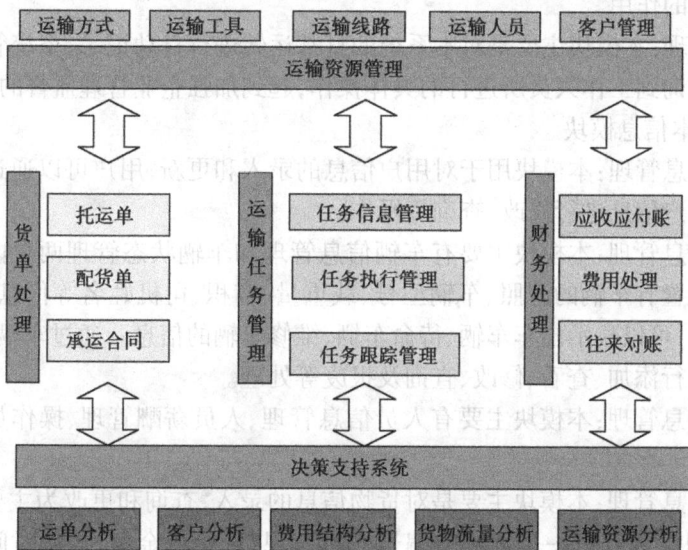

图 6.1　运输管理系统功能结构图

1）运输管理系统的基本功能模块

①系统管理模块：该模块具有用户管理功能，包括设置用户权限和角色，维护数据字典，管理系统日志等模块。

②基本信息模块：包括客户信息管理模块、车辆信息管理模块、人员信息管理模块。

③运输作业模块：包括订单处理模块、调度配载模块、运输跟踪模块。

④统计报表模块：主要有结算报表分析和应收应付报表分析两大功能。

2）运输管理系统的功能模块介绍

（1）系统管理模块

用户管理：本模块主要是对本套软件的具体使用者进行的管理和帮助。只有具有使用权限的工作人员才可以凭密码登录本系统并进行具体操作。使用完成后，必须进行"注销"操作才能退出系统。

权限角色管理：本模块主要是从保护企业的商业机密和数据安全出发，对不同级别的工作人员设置不同的系统操作权限。只有具有相关权限的人员才可以进行相关操作，充分保证了系统数据的保密性。

数据字典维护：本模块主要对系统的设置、各大功能模块的维护和管理起到保证系统运行的作用。

日志管理：本模块主要是对本系统的日常运转进行自动记录，系统管理人员凭权限可以查询到工作人员所进行的具体操作，起到加强企业管理监督的作用。

（2）基本信息模块

客户信息管理：本模块用于对用户信息的录入和更新，用户可以通过客户管理模块来对客户信息进行修改、查询等操作。

车辆信息管理：本模块主要有车辆信息管理和车辆状态管理两大内容。车辆信息管理设置有车辆的牌照、车辆型号、载重量、容积、司机姓名等信息；而在车辆状态管理中，可以显示出车车辆、待命车辆、维修车辆的信息。通过车辆管理模块，用户可以进行添加、查看、修改、查询及报废等处理。

人员信息管理：本模块主要有人员信息管理、人员薪酬管理、操作员管理三大内容。

货物信息管理：本模块主要是对货物信息的录入、查询和更改为主要内容。货物信息管理设置有每一单货物的编号、数量、规格、价值金额、运输时间要求等内容。在系统中，用户可以清晰明了地看见货物的有关信息，能够进行添加、修改、查询等操作。

（3）运输作业模块

订单处理：本模块提供关于运输订单的生成、录入、修改、执行等一系列功能。

调度配载：调度作业是运输的中心作业，系统可根据货物、客户、车辆等信息而自动提示出最佳的运货车辆和运输路线。

运输跟踪：对货品状态的跟踪与及时反馈是体现服务水平获得竞争优势的基本功能。通过查看运单的执行状态和对运单的有效跟踪，可以看到货物的在途状况。

（4）统计报表模块

该模块主要有结算报表分析和应收应付报表分析两大功能。结算报表分析对客户、公司自身、车辆三方的经济往来有详细的记录，系统具有查询、统计功能。

6.3.2 仓储管理系统

仓储管理系统是物流公共信息平台为用户提供的重要服务内容。仓储管理系统是提升传统仓储企业货物管理和处理能力的系统，通过这个系统，可以实现仓储作业流程的电子化。

仓储管理以合理配置仓库资源、优化仓库内部布局、提高仓库作业水平和改善仓库管理决策为目的。仓储管理的作业流程涵盖物品入库（验收货、记账登入）、存货保管（分配库位、堆码、养护、盘店）和发货出库（配验货、核账清点）。

1）仓储管理系统的主要功能

①覆盖仓储管理的各项操作。
②支持第三方物流（3PL）的多点、多仓、多货主的管理。
③支持采用现代化的信息技术进行货位和物品的管理。
④支持货位状态管理和货品质量管理。
⑤提供对仓库增值服务，如包装、组装、标签、清关等。
⑥支持对客户、供应商的仓储、运输跟踪功能。
⑦集成的配送管理。
⑧提供网上即时库存查询、出入库详单查询、单据追踪以及网上下单等功能。
⑨支持预设的流程和策略，包括入库、拣货、补货、安全库存等。

2）仓储管理系统的功能模块介绍

仓储管理系统的主要功能模块如图6.2所示。

（1）系统管理模块

该模块主要包括用户权限管理、系统规则、策略定义以及基础资料维护等

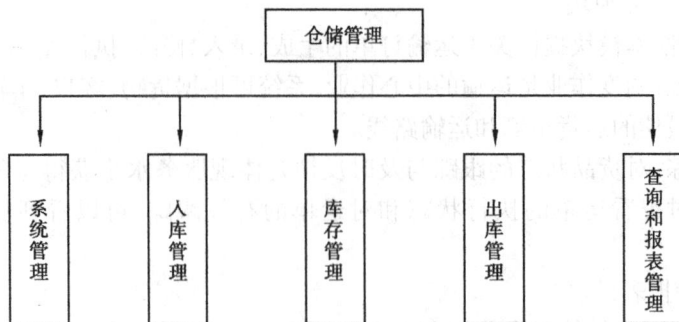

图 6.2　仓储管理系统功能模块图

功能。

（2）入库管理模块

该模块主要包括客户订单或收货通知单（ASN）的手工输入、电子文件导入和 EDI 数据交换录入，支持各种如质检、标准、退货、保税、越库等收货方式，支持 Scanner 扫描收货及入库托盘化，同时支持自动上架和人工上架等基本功能。

（3）库存管理模块

该模块包括库存调整、库存状态及属性的变更、货权转移、自动补货管理及安全库存管理，可按货品、货位和批次进行质量维护（冻结或释放），可进行物理、循环、动碰盘点。

（4）出库管理模块

该模块包括多种出库方式，支持出库指令文件自动导入，支持按先进先出（FIFO）、生产日期、保质期、批号、货主订单号等进行拣货，提供一次出库或分批多次出库，提供发货装箱批号及序列号跟踪。

（5）报表管理模块

该模块包括出入库报告、保质期报告、库存交易查询、进出平衡报告、库存周/月报、库存收发存报告、库存盘点报告等基本功能，并可将各种报表以客户需要的方式输出。

（6）查询功能模块

该模块包括即时库存查询、出入库查询、单据状态跟踪、网上下单等基本功能。

小贴士

供应链管理系统使供应链管理真正成为有竞争力的武器。它把企业内部各种业务看作一个整体功能过程,将企业生产经营过程中的有关人、技术、经营管理三大要素有机地集成并优化运行,以形成一体化供应链管理体系。。通过对生产经营过程的物料流、管理过程的信息流和决策过程的决策流进行有效地控制和协调,它将企业内部的供应链与企业外部的供应链有机地集成起来并进行管理,达到全局动态优化目标,以适应在新的竞争环境下市场对生产和管理过程提出的高质量、高柔性和低成本的要求。

6.3.3　国际货运代理系统

国际货运代理管理能有效整合各种物流资源。对于不同途径(公路、铁路、航空和水运等)和不同地域间(国际和国内的)的运输,它采用多式联运,以实现门对门、一票到底的物流服务。货运代理管理的作业流程涵盖了物品的报关报检、储存、运输、运输监控和财务结算等业务。国际货代管理系统功能结构如图6.3所示。

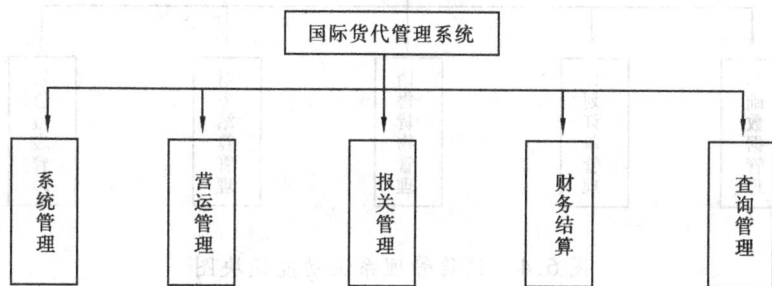

图6.3　国际货代管理系统功能结构图

(1)系统管理模块

该模块主要包括用户权限管理、系统规则定义、策略定义以及基础资料维护等功能。

(2)营运管理模块

该模块具有供应商管理、收费标准制定、合同管理、作业指导书制定、客户服务等基本功能。

(3)报关管理模块

该模块具有收集进出口运输手续、代理客户报关、查看代理物品在仓库中的情况等基本功能。

（4）财务结算模块

该模块能对每笔业务进行财务核算,并能管理收、付款以及流水账结算报表。

（5）查询管理模块

该模块具有即时库存查询、出入库查询、单据状态跟踪、网上下单系统等基本功能。

6.3.4 销售管理系统

销售管理子系统能为企业销售管理提供强有力的联机决策支持,它包括基础数据(如客户、价格管理)、销售计划、订单管理、货物管理、发票管理(含金穗税控系统接口)、收款管理、销售业务分析等,可使企业销售业务管理体系实现先进的计算机化管理。销售管理系统应用流程如图6.4所示。

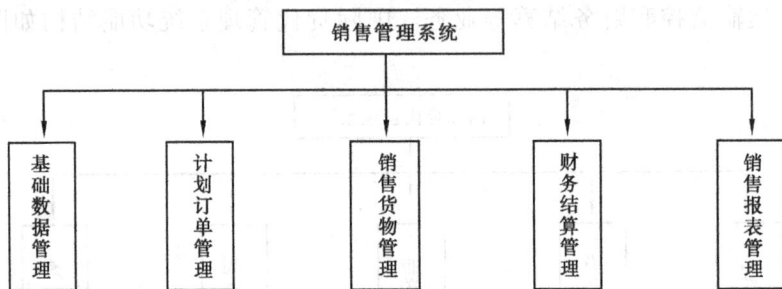

图6.4 销售管理系统功能模块图

（1）基础数据管理模块

①提供客户信用管理,以满足全面客户管理的需要。它可减少企业坏账损失,有利于找出拖账、赖账较多的客户,发展和扶持信用优良的客户。

②提供存货价格管理。本系统的价格监控包含成本价、报价、平均销价、最高销价、最低销价、商品数量折扣和金额折扣等。统一价格管理,能建立和维护公司的价格体系,协助分析价格变化对销售总量的影响。

③提供系统基础、公用、规范数据维护。

（2）销售计划管理模块

①支持部门销售计划编制,并提供部门销售计划执行情况。

②支持业务员销售计划编制,并提供业务员销售计划执行情况。

③支持货物销售计划编制,并提供货物销售计划执行情况。

（3）订单管理模块

该模块能实现订单的录入、维护、停止或重新启用的业务处理。订单可为开提货单、开发票等提供依据。

（4）货物管理模块

提货单处理时，可通过该模块实时查看往来单位应收账款情况，以协助企业建立发货控制系统，及时提供发货警告，避免不必要的发货损失。

（5）收款管理模块

该模块能提供实时应收款管理。订单、发票、提货单都会自动生成应收订单款金额、应收提货单款金额、应收发票款金额，以满足财务、业务管理的不同核算和分析需要。

（7）销售报表模块

该模块能生成各模块的主要报表，并有过滤、排序、打印等功能，以方便用户查询和打印相关报表。通过该模块可统计销售部门和销售员的业绩、订单执行情况、发货情况和应收款情况等，对以后的销售计划和预测提供依据。

【做一做】

一、经典案例阅读

北京奥运会可视化仓库管理系统

为精确、准时完成奥运会期间的物资流动，2008年北京奥运会针对奥运物流的特点与要求，采用了"奥运精益物流系统"具体实施管理运作。"奥运精益物流系统"主要特点之一是物流信息化，其精髓是可视化。

2007年3月8日，位于顺义空港物流园的北京奥运物流中心（OLC）正式启动。奥运物流中心将为奥运物流提供五方面服务：

①可作为众多奥运物资的仓储配送基地；

②可作为奥运会各种物资、各种运行车辆的调度中心；

③可作为实施奥运物资安检的场所；

④可作为北京奥组委实施物资追踪、资产管理的重点区域；

⑤可作为奥运物资通关、检验检疫的场所。

在奥运会期间，UPS公司将通过这座奥运物流的"中央枢纽"为奥运会所有的竞赛场馆、非竞赛场馆以及众多训练场馆提供物流保障服务。当时，UPS代表北京奥组委进行货物的接收、存储、出库,以及各场馆之间及场馆内的运输配送和赛后反向物流的运作。

比赛地物资和器材的仓储与配送管理是奥运物流中心的核心业务之一。2008年,北京奥运会中27个项目的比赛集中于北京的5个赛区。奥运物流中心根据不同的配送方向和配送量,对各种体育用品、技术装备、比赛用品、医疗设备、安保器材、通信设备、电视转播设备、新闻报道设备和奖牌、奖章等物资的仓储与配送采用了精确、准时、智能化、可视化的仓库管理模式。

可视化仓储管理系统是一套全方位的仓库管理系统。一方面,它按照常规和用户自行确定的优先原则来优化仓库的空间利用和全部仓储作业,实现仓储管理系统的全部功能;另一方面,它实现了仓储与配送管理的可视化,能够及时、准确地掌握物品的位置、状况、活动等信息,以实现仓储配送供应保障的辅助决策,从而提高了仓库管理水平和质量。它可以与企业的计算机主机联网,由主机下达物资入库和订单的原始数据,并通过无线网络、手持终端、条码系统和射频数据通信(RFDC)等信息技术与仓库的员工进行联系。具体功能如下:

①基础数据管理:包括物品代码管理、货位代码管理、人员代码管理和模型管理等基本功能。

②入库作业与优化:根据不同的管理策略、货物属性、数量、保管要求以及现有库存情况,它能自动设定货物的货位、货物堆码顺序建议,从而高效地利用仓库容量,提高作业效率。

③在库管理:这包括物品在库期间的日常管理、保管与养护、盘点、存储时间检查,以及为了便于管理物品和更有效利用仓库容量而进行的并库、移库等基本操作。

④出库作业与优化:根据不同的管理策略、货物属性、数量以及库存状况,它能自动分拣组合、确定货物位置、确定货物拣选顺序。它支持紧急拣选,对超过设定时间的产品可进行优先拣选。

⑤盘点管理:提供实盘数量与账面数量对比调整功能,提供各种盘点服务。

⑥查询统计分析:提供仓库物品状态查询,提供相关报表并可以进行可视化货位显示和库存图表统计;为管理决策提供及时准确的数量信息,并能自动生成和打印报表。

⑦实时监控:利用安放在库房内不同方位的摄像头,对库房内部实时进行监控,从而确保物资存储的安全。

阅读思考:

1. 北京奥运会可视化仓库管理系统有哪些功能?

2. 讨论:从北京奥运会可视化仓库管理系统如何看物流信息化管理的发展

趋势?

二、实训活动

◎ 内容

①调查物流企业使用物流信息管理系统的情况。

②练习使用物流信息管理软件系统。

◎ 目的

通过调查和练习,使学生充分认识物流信息管理系统,掌握常用软件的使用方法,体会其对提高业务效率所起到的重要作用,并能对比校内练习软件与参观企业所使用软件的区别。

◎ 人员

①实训指导:任课老师。

②实训编组:学生按5~6人分成若干组,每组选组长及记录员各1人。

◎ 时间

校内软件操作6学时,校外参观实训1天。

◎ 步骤

①由教师在校内组织安全教育;

②与实训企业相关部门取得联系,并组织学生集体去该企业参观;

③邀请物流企业相关业务部门主管介绍使用物流信息管理系统的情况;

④分组查看企业使用物流信息管理系统的相关资料,作好记录;

⑤撰写调查文档;

⑥实训小结。

◎ 要求

利用业余时间,根据具体情况选择有一定代表性的物流企业,调查物流企业使用物流信息管理系统的情况,了解并认识物流信息管理系统在物流企业管理中的重要作用。

◎ 认识

作为未来的物流企业员工,应充分认识到物流信息管理系统在物流企业管理中的重要作用,并熟悉常用软件操作流程。

【议一议】

物流管理信息系统与企业发展

易通物流公司是一家快速成长的第三方物流企业,公司成立之初是一个规模较小的物流公司。随着物流市场的快速发展,该公司的业务不断发展壮大,人工管理的模式无法适应业务快速发展的需求。因此,公司采用了物流管理信息系统。在物流管理信息系统的运作和支持之下,公司业绩每年以翻一番的速度迅速发展,年营业额达3 000多万,年运送货物600多万件,可送达300多个城市。易通物流公司的快速发展,得益于物流信息管理系统的强大支持。

易通物流公司的物流管理信息系统包括系统管理子系统、运输管理子系统、仓储管理子系统和企业门户网站四大部分。

物流管理信息系统发挥了巨大的作用,具体体现在以下几个方面。

①减少了岗位员工,人力成本降低了50%以上;②差错率降低了80%以上;③物流运作效率提高了46%;④系统的统计分析功能为管理层的决策提供了重要的数据支持;⑤系统对业务流程的再造和实施起到了重要的指引和保障作用,提高了企业的竞争力。

讨论:

1.物流管理信息系统对物流企业的发展有什么重要意义?

2.物流企业利用物流管理信息系统可以实现哪些方面的效益?

【任务回顾】

通过本章的学习,我们认识了物流管理信息系统的概念、功能与特点,感悟了运输管理系统的流程与功能;明确了仓储管理系统的组成与功能;清楚了国际货代系统的组成及其作用;知道了销售管理系统的流程和功能。

【名词速查】

物流管理信息系统

所谓物流管理信息系统,是指利用计算机的硬件、软件、网络设备以及其他设备进行物流信息的收集、传输、存储、加工、更新与维护,以支持物流管理人员和操作人员组织、协调、控制各种物流活动的人机系统。

【任务检测】

一、单选题

1. 下面( )模块可提供系统基础数据、公用、规范数据维护功能。
   A. 基础数据管理　　　　B. 订单管理　　　　C. 运输管理　　　　D. 仓储管理

2. 用户权限设置一般由( )功能模块提供。
   A. 系统管理　　　　　　B. 订单管理　　　　C. 基础数据管理　　D. 客户管理

3. 运输管理信息系统的报表模块除了结算报表分析外,还包括( )。
   A. 订单录入　　　　　　　　　　　B. 客户分析
   C. 应收应付报表分析　　　　　　　D. 效益分析

4. 订单管理一般包括订单生成、录入、修改和( )。
   A. 订单查询　　　　　　B. 订单制作　　　　C. 订单管理　　　　D. 订单输入

5. 现代物流系统的核心是( )。
   A. 订单管理　　　　　　　　　　　B. 运输管理
   C. 仓储管理　　　　　　　　　　　D. 物流管理信息系统

二、多选题

1. 物流管理流程优化的原则有( )。
   A. 系统化、整体化的原则　　　　　B. 信息化的原则
   C. 集成化的原则　　　　　　　　　D. 规范化的原则

2. 物流管理信息系统的特点有( )。
   A. 集成性　　　　　　　　　　　　B. 模块性
   C. 管理性和服务性　　　　　　　　D. 网络性

3. 物流管理信息系统的功能有( )。
   A. 信息处理功能　　　　　　　　　B. 辅助决策功能
   C. 计划功能　　　　　　　　　　　D. 管理功能

4. 运输管理信息系统的功能模块包括( )。
   A. 系统管理模块　　　　　　　　　B. 基本信息模块
   C. 仓储作业模块　　　　　　　　　D. 统计报表模块

5. 仓储管理信息系统的基本功能模块包括( )。
   A. 入库管理模块　　　　　　　　　B. 运输管理模块
   C. 订单管理模块　　　　　　　　　D. 在库管理模块

三、简答题

1. 简述物流管理流程优化的原则。

2. 简述物流管理信息系统的功能。

3. 简述销售管理信息系统的基本功能模块。

参考答案

一、单选题

1	2	3	4	5
A	A	C	A	D

二、多选题

1	2	3	4	5
ABCD	ABCD	ABC	ABD	ACD

三、简答题

1. 物流流程优化的原则包括：

①物流流程系统化、整体化的原则；

②物流管理信息化的原则；

③物流流程集成化的原则；

④流程优化规范化的原则。

2. 物流管理信息系统的功能有：

①信息处理功能；

②辅助决策功能；

③事务处理功能；

④计划功能；

⑤监测控制功能。

3. 销售管理系统的功能模块包括：

①基础数据管理；

②销售计划管理；

③订单管理；

④货物管理；

⑤收款管理；

⑥销售报表。

参考文献

［1］郑志军,资道根.物流信息管理实务［M］.深圳:海天出版社,2005.

［2］阎光伟.物流与信息技术［M］.北京:中国经济出版社,2008.

［3］陈福集.物流信息管理［M］.北京:北京大学出版社,2007.

［4］周景浦.商品养护［M］.北京:北京理工大学出版社,2008.

［5］窦志铭.商品学基础［M］.北京:高等教育出版社,2005.

［6］苏春玲.现代物流信息技术［M］.北京:机械工业出版社,2006.

［7］方轮.物流信息技术与应用［M］.广州:华南理工大学出版社,2006.

［8］李波,王谦.物流信息系统［M］.北京:清华大学出版社,2008.

［9］刘志学.现代物流手册［M］.北京:中国物资出版社,2002.

［10］RFID 世界网 http://www.rfidworld.com.cn/.

［11］国际电子商情网 http://www.esmchina.com/.

［12］中国物流网 http://www.china-logisticsnet.com/.

［13］中国物品编码中心 http://www.ancc.org.cn/.

［14］中文期刊网 http://www.cqvip.com/.

［15］超市设备服务网 http://www.cssbfw.net/.

［16］锦程物流网 http://info.jctrans.com/.

［17］哈尔滨条码网 http://www.you1688.cn/.

［18］中国 GIS 咨询网 http://www.gissky.com/.

［19］RFID 中国网 http://www.rfidchina.org/.

［20］聪慧安防网 http://info.secu.hc360.com/.

［21］豆丁网 http://www.docin.com/.

［22］地理信息系统论坛 http://www.gisforum.net/.

［23］南京数码论坛 http://www.xici.net/.

［24］中国制造业门户网 http://www.cmwin.com/.

［25］宁波电子口岸网 http://www.nbeport.com/.

［26］四川现代物流信息网 http://www.scxd56.net.

［27］中国电子标签网 http://www.chinarfid.com.cn/.